Textgestaltung: Sara Freed

Covergestaltung: Michael Max

Die Deutsche Nationalbibliothek verzeichnet diese Publikation in der Deutschen Nationalbibliografie; detaillierte bibliografische Daten sind im Internet über http://dnb.dnb.de abrufbar.

ISBN: 978-3-7482-7259-5 (Paperback)

Verlag und Druck:

tredition GmbH
Halenreie 40-44
22359 Hamburg

Michael Max
JEDER IST SEINES GLÜCKES SCHWEIN

Jeder ist seines Glückes Schwein

MICHAEL MAX

Inhalt

Vorsätze

Ich mag es, wenn ein kleines Universum zwischen zwei Buchdeckel passt. Auch wenn es, wie im vorliegenden Fall, ein sehr kleines Universum ist. Und während das wirkliche Universum vermutlich keine Grenzen kennt, sollte man hier sehr sorgfältig auf die Begrenztheiten achten.

Das täte im Übrigen jedem von Menschenhand erschaffenen Universum gut. Und überhaupt jedem Kopf, der sich anschickt, ein Universum zu erschaffen oder lieber noch von vornherein der Überzeugung ist, längst ein Universum zu enthalten, das einzig wahre nämlich, vorzugsweise erworben ohne jegliche übertriebene Denkanstrengung, die ich als stetig neue Infragestellung meiner selbst definiere. Als das wirklich Unbequeme eben.

Vorliegende Essays und Satiren erheben selbstverständlich keinerlei absoluten Wahrheitsanspruch, auch wenn sie stellenweise so daherkommen sollten, was natürlich nur meiner Charakterschwäche und immer noch mangelnden Distanz geschuldet ist. Sie sind und bleiben Stufen jener berühmten Leiter, die nach ihrem Gebrauch fortzuwerfen ist. Wenn sie anderen punktuell zu irgendeinem Aufstieg nützlich sein sollten, so wie sie mir nützlich waren, würde mich das sehr freuen.

Was das Lesevergnügen betrifft, kann ich keine Vorhersagen machen. Ich kann nur auf mein Schreibvergnügen verweisen. Immerhin aber hoffe ich im Interesse jedes zufälligen Lesers und jeder zufälligen Leserin, dass auf mich nicht zutreffen möge, was Friedrich der Große über einen Autor vermerkte, bei dem man „jegliche fesselnde Einzelheit mit hundert Seiten Langerweile teuer erkaufen muss."

Dass ich mich überhaupt entschieden habe, die Texte in der vorliegenden Form drucken zu lassen, hat mit meinem Hang zum Perfektionismus zu tun, der gleichwohl nichts Perfektes hervorbringt: Die ständige Durchsicht, Korrektur und Nachbearbeitung wurden zu einer Sucht, der ich Einhalt gebieten musste.

Nur der Leser kann mich retten. Oder besser noch die Leserin.

Folgender Text, der im Wesentlichen die Kerngedanken einer Ansprache anlässlich meiner beruflichen Ruhigstellung enthält, war Keimzelle aller weiteren Texte, die in diesem Bändchen versammelt sind.

Schlusswort zum Beginn

Alt bin ich geworden und trete ab. Nicht ganz freiwillig, aber die Betreffzeile eines der letzten diesbezüglichen Schreiben meiner zuständigen Behörde hat mich dann doch überzeugt: Ein Tritt in den Ruhestand, las ich da. Oder so ähnlich. Präziser kann man es nicht fassen. Und so bleiben nur noch ein paar letzte, unnötige Fragen wie diese: Gab es jemals eine Lehrergeneration vor meiner, die es so oft erlebt hat, dass Schule und Pädagogik neu erfunden wurden? Und zwar *ganz* neu? *Völlig* neu? So neu, dass man sich fragen musste, ob und wie Unterrichtung und Erziehung in den mittelalterlich-dunklen Zeiten zuvor *überhaupt möglich* waren? Wahrscheinlich waren sie eben nicht möglich. Oder halt nur sehr schlecht.

Ich habe nichts gegen den Fortschritt. Auch nicht gegen den pädagogischen. Im Gegenteil – ich halte ihn für durchaus wichtig. Jedenfalls grundsätzlich. Wenn da nicht *dieser Anspruch* wäre. In der Zunft derer, die sich berufen fühlen, die Pädagogik unaufhaltsam fortschreiten zu lassen, sagt ja keiner: „Ich hätte da mal eine Idee...“

Nein – da läuft jeder gleich mit einer Monstranz herum und verkündet: „Ich bin der Weg, die Wahrheit und das Leben!“ Und den Heiligen Gral gibt's als Werbegeschenk und den Stein der Weisen als Treueprämie. Begleitet werden diese selbsternannten Heilsbringer von weihrauchschwenkenden Jüngern, die als Bildungspolitiker, Ministerialbeamte, Instituts- oder Studienleiter getarnt in der Nachfolge missionarisch das Wort verkünden, sei es gelegen oder ungelegen. Natürlich meinen sie es gut. Und sie meinen es umso besser, je ferner ihnen die Praxis ist. Da geht es um Glaubenssätze. Und es gilt: Je weicher die Wissenschaft, desto härter die Dogmen.

Begleitet wird das alles von einer unerschütterlichen Selbstgewissheit und einer zur Salzsäule erstarrten Humorlosigkeit – beides untrügliche Kennzeichen totalitärer Systeme. Noch zu meinen Studienzeiten hieß es ganz offiziell an meiner Fakultät, dass *alle* Kinder gleich begabt seien. Nur die gesellschaftlichen Verhältnisse machten sie ungleich. Es ist damals wie heute dasselbe Spiel: Macht aus einer *halben* Wahrheit ein *ganzes* Glaubensbekenntnis! „Die gefährlichsten Unwahrheiten sind Wahrheiten, mäßig entstellt“, schrieb der Schlaukopf Lichtenberg in eines seiner „Sudelbücher“.

Und wenn die Kinder sich trotzdem weigern, alle gleich begabt (gewesen) zu sein, dann sind sie zumindest von einem ewigen, heiligen und geradezu unstillbaren Wissensdurst erfüllt, dem ausschließlich der Lehrer mit seinen unseligen Unterrichtsmethoden im Wege steht – was ich in Einzelfällen gar nicht einmal ausschließen mag, wohl aber in der Summe. Thesen solcher Art wurden mit

atemberaubenden Halbwertszeiten an- und wieder abgeschafft.

Die neue Mathematik – vulgo Mengenlehre –
wurde, nachdem sie viel Gutes hatte bewirken sollen,
klammheimlich wieder zur letzten Ruhe gebettet. Lesen
und Schreiben erlernte man auf einmal in ganzen Worten
oder gleich in ganzen Sätzen und heute am besten kreativ,
sprich: ohne jede Behinderung durch Regeln. Nebenher
wurde die Rechtschreibung so lange vor- und zurück- und
rauf- und runterreformiert, bis keiner mehr durchblickte.
Die abschließende, etwas beleidigte Botschaft der Duden-
redaktion lautete: Dann schreibt doch, wie ihr wollt! „Tun
wir sowieso!", rufen die Kinder.

Noten sollten zur endgültigen Befreiung des Lern-
klimas ganz und gar abgeschafft werden (das war die
letzte Ardennenoffensive der 68er-Generation, zu der ich
auch zähle) und Hausaufgaben galten zeitweilig schlicht
als Verbrechen am Kinde. Sprachlabore machten auch
noch aus der letzten Schnarchtüte binnen Jahresfrist
einen englischen oder französischen Muttersprachler.
Computer ganz allgemein künden wieder einmal von
der schönen neuen Welt des anstrengungsfreien, ausschließlich spaßerfüllten Lernens, in der Lehrerinnen und
Lehrer, nun ja, eher im Wege stehen.

Die Strafarbeit wurde verboten und dann als
„Sonderaufgabe" durch die Hintertür wieder eingelas-
sen. Aus dem Nachsitzen wurde das „Nacharbeiten unter Aufsicht". Aus den Lernzielen wurden „Lernkompe-
tenzen". Die Volksschulen wurden zu Hauptschulen und
werden nun abgeschafft. Die Sonderschulen wurden zu
Förderschulen und werden nun abgeschafft. Angeschafft
werden Gesamt-, Regional- und Gemeinschaftsschulen.

Halt! Stimmt nicht! Regionalschulen werden gerade wieder abgeschafft, jedenfalls hier in Schleswig-Holstein. Schwer, sich da auszukennen.

Schwierige Kinder sollten – durchaus zu Recht – nicht als „verhaltens*gestört*" sondern als „verhaltens*auffällig*" bezeichnet werden. Seit ein paar Jahren versucht man aber aus Sorge um Diskriminierung allen Ernstes, für diese süßen Bratzen Begriffe wie „verhaltens*kreativ*" oder „verhaltens*originell*" zu etablieren. Womit dann mal eben alle übrigen Kinder diskriminiert wären, deren Verhalten offenbar nicht originell oder kreativ genug ist. Da schlage ich doch schnell noch vor: Kinder, die gerne zuschlagen, kratzen oder beißen, sind in Wahrheit *durchsetzungsoriginell* oder *übergriffsgenial*, und wer mein und dein nicht so gut unterscheiden kann, wird pädagogisch korrekt als *eigentumskreativ* oder *besitzanspruchsbegabt* eingestuft.

Wir benennen alles um, ganz so, als ob allein deshalb schon aus einem T-Shirt ein Abendanzug wird, weil man ein anderes Etikett hineinnäht. Es ließen sich noch sehr viele T-Shirts und noch sehr viel mehr Etiketten aufzählen. Abendanzüge bleiben als Ergebnis weiterhin selten.

In den naturwissenschaftlichen Fächern gelangen unsere Kinder heute fröhlich lärmend, spielerisch entdeckend und ganz von selbst zu Erkenntnissen, für die Generationen von Wissenschaftlern zuvor noch geradezu wie blöde Jahrhunderte oder Jahrtausende benötigt haben. „Man sieht nur, was man weiß", wusste hingegen schon Goethe.

Nein - ich habe nichts gegen den Fortschritt. Aber

hätten wir jemals erlebt, dass auch nur einer dieser Hohepriester und Heilsversprecher im Anschluss an das jeweils von ihm oder ihr verursachte Desaster um Entschuldigung gebeten hätte? Dass sie oder er zugegeben hätte, wieviel besser es gewesen wäre, die lautere Wahrheit etwas leiser zu verkünden?

So kommt es dann zu Ereignissen wie dem Pisa-Schock. Hier allerdings gilt es, ein Missverständnis zu klären: Dass der Pisa-Schock nichts mit der deutschen Bildungslandschaft zu tun haben kann, ergibt sich ja schon aus der Tatsache, dass Pisa in der Provence liegt. Oder war es doch die Toskana? Egal, jedenfalls in Spanien. In Wahrheit geht es beim Pisa-Schock aber um das – einem elften September folgende – nachträgliche und heimlich bewundernde Erschrecken der Weltgemeinschaft darüber, dass ausgerechnet die Italiener es waren, denen es gelungen ist, wenigstens einmal in ihrer Geschichte einen Turm beim Umfallen anzuhalten. (Ich gebe zu: Hier hatte ich einen Einfall und nicht die Charakterstärke, auf ihn zu verzichten.)

Im Übrigen hätte auch ich ein paar bescheidene Vorschläge zur Fortentwicklung der Pädagogik zu machen: Etwa – frei nach Voltaire – diesen: „*Jede* Art zu unterrichten ist erlaubt – außer der langweiligen!" Noch lieber wäre mir: „*Jede* Art zu unterrichten ist erlaubt – außer der freudlosen!"

Aber ich bin kein Pädagogikprofessor oder Institutsleiter oder Bildungspolitiker oder Ministerialdirigent oder sonst so etwas in dieser Richtung und kann deshalb die Tragweite solcher Thesen selbstverständlich nicht mit der gebotenen Kompetenz einschätzen. Da begnüge ich mich lieber mit den kleinen Erfolgen. Hier stellvertretend eine Erkenntnis, gerichtet an die jüngeren Kolleginnen und Kollegen (man kann sie in abgewandelter Form auf fast jedes pädagogische Bemühen übertragen): Wer beim Schneeballwerfen auf dem Pausenhof ein einziges Mal konsequent durchgreift, hat den ganzen Sommer Ruhe.

Bei einem anderen Erfolg weiß ich nicht, ob ich ihn als solchen ansehen darf. Als ich kürzlich im Biologieunterricht auf die Keimesentwicklung zu sprechen kam und der Klasse gerade intensiv vor Augen führte, wie der Urdarm sich in den Blasenkeim hineinstülpt und ihn so zum Becherkeim macht, da ertönte dieser unsägliche Zwischenruf. Gerade in der sensiblen Phase der Keimesentwicklung können Zwischenrufe die verheerendsten Folgen haben. Vielleicht waren meine Ausführungen ein wenig zu bildhaft gewesen. Vielleicht hätte ich den Ausdruck „Urdarm" besser vermieden. Ich weiß es nicht.

Jedenfalls ertönte dieser Zwischenruf: „Also mit dem Arschloch fing alles an!"

Ich betone, dass ich diese Störung selbstverständlich und ohne zu zögern und mit der gebotenen Entschiedenheit … hätte zurückweisen müssen. Fest steht: Ich mag es, wenn etwas aufblitzt. Und wenn es ein (…) ist.

Unter uns: Natürlich war der Zwischenruf sachlich falsch. Denn: „Im Anfang war das Wort." Das hat man mir in der Kirche so oft vorgebetet, dass ich gerade anfangen wollte, daran zu glauben. Doch meine jesuitischen Lehrmeister belehrten mich: „Im Anfang war der logos!" Wahrscheinlich haben sie mir neben dem griechischen auch noch das hebräische Wort dafür genannt, aber das habe ich längst vergessen. Jedenfalls wurde das alles angeblich eher unzureichend ins Lateinische mit „verbum" und dann ins Deutsche mit „Wort" übersetzt.

Der „logos" füllt in meinem Wörterbuch für Altgriechisch eine komplette, kleingedruckte Seite. Wenn ich es richtig verstanden habe, steht er für das Vermögen, Begriffe zu bilden und auszusprechen, also für Vernunft und Sinnhaftigkeit. Im Anfang war also der Sinn. Das gefällt mir. Vor allem, weil man heutzutage ja ständig damit beschäftigt ist, irgendetwas einen *Sinn machen* zu lassen, gerade so, als ob der Sinn einer Sache jederzeit nachträglich als beliebige Zutat verfügbar wäre.

Ich berufe mich auf einen Philosophen (dessen Name mir selbstverständlich entfallen ist, weil mir Namen immer entfallen). Der wurde einmal gefragt, was er tun würde, um diese Welt zu einem besseren Ort zu machen. Seine Antwort war: „Ich würde als erstes die Begriffe klären!" Hier halte ich inne. Ich denke an die T-Shirts und die Etiketten. Hat da jemand etwas missverstanden? Und ich wiederhole: Diese Welt würde zu einem besseren Ort, würde man die Begriffe *klären*. Vom *Umbenennen* war nicht die Rede.

Ich weiß nicht, ob ich – disqualifiziert durch den eindeutigen Mangel eines vorzeigbaren Aufstiegs auf irgendeiner noch so bescheidenen Karriereleiter und die damit verbundenen Absage an eine Welt der Wichtigkeit – ein pädagogisches Vermächtnis anzubieten habe. Ich täte es gerne und versuche es einmal hiermit: Glaubt nicht denen, die die Wahrheit wissen. Vertraut denen, die die Wahrheit suchen. Ich habe fertig.

In Anerkennung meiner Bedeutungslosigkeit

Noch kokettiere ich damit. Selbst schuld, halte ich meiner Umwelt entgegen, die ganz offensichtlich *sich* zu wichtig und *mich* nicht wichtig genug nimmt, ach ja, und verheddere mich damit in genau jenem Wichtigkeitswahn, den ich doch – in einem Akt freier Willensentscheidung und tieferer Einsicht sozusagen – weise hinter mir lassen wollte. Noch warte ich und hoffe auf *wenigstens eine* Rückmeldung nach Aussendung einiger meiner Essays, auf die die Welt ganz offensichtlich wieder einmal *nicht* gewartet hat. Natürlich werde ich wieder vergeblich warten. Und ich werde mir wieder einreden, dass mir das gar nichts ausmacht. Schon mein Großvater wartete vergeblich darauf, dass jemand seine Geschichten anerkannte, die in keine Zeit passten, schon gar nicht in seine. Immerhin erhielt er diesbezüglich noch Antworten, standardmäßig, floskelhaft, gewiss, aber immerhin: Antworten. Seine Beiträge fügten sich in kein Verlags- oder Redaktionskonzept (in keine Schublade also), beschied man ihn. Eigentlich eine Auszeichnung, auch wenn ich mit meines Großvaters literarischer Qualität liebevoll hadere – wie andere vermutlich mit meiner (wenn auch nicht liebevoll). Seine Originalität bleibt von mir unbestritten und sonst gibt es keinen Lebenden mehr, der sie bestreiten könnte oder wollte.

Natürlich versorge ich – wie mein Großvater dies tat – hin und wieder Freunde, Bekannte und Verwandte mit meinen Texten. Irgendwie ist das aber grenzpeinlich. Ich selbst mag es gar nicht, etwas zum Lesen aufgezwungen zu bekommen. Man liest (wenn überhaupt) nicht aus Interesse sondern aus Verpflichtung und fühlt sich dann auch noch zu irgendeinem unehrlichen Kommentar genötigt. Um dem aus dem Wege zu gehen, wendet man schließlich aus purer Notwehr das Prinzip des höflichen Vergessens an. Wer gelesen werden will, muss sein Glück *außerhalb* jener Landesgrenzen versuchen, *innerhalb* derer der eigene Prophet nur selten etwas gilt, es sei denn, er ist eben zuvor *dort draußen* erfolgreich geworden. Dann – auf einmal – haben es alle Nichtleser und Nichtversteher in Familie und Freundeskreis schon immer gewusst.

„Ich hab nichts zum Sagen", sagte Therese Giese auf Nachfrage. War das ehrlich oder kokett? Oder beides? Vielleicht möchte ich ja doch gerne und ganz einfach nur *gefragt* sein, im doppelten Sinne, auch wenn ich dies tapfer vor mir selbst zu bestreiten versuche. Doch muss ich zugeben, dass meine Bedeutungslosigkeit ja erst dann selbstgewählt sein könnte, wenn ich in Wahrheit gefragt wäre. So aber habe ich mich zu fügen. Von wegen: freie Willensentscheidung! Hinzu kommt, dass meine unfreiwillige Bedeutungslosigkeit wohl erträglicher wäre, wenn nicht so viele, die weiß Gott *nichts* „zum Sagen" haben, willfährig vermarktet ständig vor so viel Publikum ihren Mund aufmachten – von Selbstzweifeln erkennbar ebenso gnädig verschont wie von denkerischer Originalität und Qualität. Wenn nicht so viel Dünnes geredet, geschrieben, gedruckt, geglaubt und ständig wiederholt würde.

Außer mir, so schrieb ich gern an Redaktionen und Verlage, gab es noch einen anderen Dorfschulmeister, der in der Philosophie Großes geleistet hat, und das war Wittgenstein. Natürlich wäre es vermessen, Wittgenstein mit mir vergleichen zu wollen, und das hat Wittgenstein meines Wissens auch niemals versucht. Vermutlich landete ich damit bei dem angeschriebenen Personenkreis ruckzuck in der Rubrik „nicht witzig" (die ich mir als einen sehr geräumigen Papierkorb vorstelle).

Bezüglich meiner „Dorfschulmeisterschaft" benenne ich einen wunden Punkt. Ich selbst war es ja, der den Brotberuf einer Berufung vorzog. Zudem fühlte ich mich nie *berufen*. Ich weiß nicht einmal, wie sich das anfühlt. Schreiben hat mir einfach nur Spaß gemacht, immer schon. Ein bürgerlicher Vollzeitjob ist aber jeder schriftstellerischen Produktivität sehr im Wege. Auch vermisse ich geradezu jene ungestüme, wilde und durchaus zügellose Zeit in meiner Jugend, in der für einen radikalen Neubeginn kompromisslos alle Konventionen über Bord geworfen werden. Dabei hätten die Zeitumstände dies leicht hergegeben, nicht aber mein Temperament. Es blieb beim symbolischen Aufbegehren. So fehlen mir also vermutlich wichtige Läuterungsprozesse, die harte Schule eben. Ersatzweise (!) wäre vielleicht ein Netzwerk hilfreich gewesen, Beziehungen eben, worauf ich mich aber gleichfalls so gut wie gar nicht verstehe. Wo wäre ich jetzt, wenn ich wirklich Berufung gespürt hätte? Und warum denke ich überhaupt darüber nach?

Es ist zu spät. Sogar an eine postume Entdeckung (die mir ohnehin gleich sein könnte) mag ich nicht mehr glauben. Der menschliche Geist ist als Versuchsballon der Evolution gestartet – in seiner Summe und in jedem Einzelfall. In der Summe wünsche ich ihm von Herzen alles Gute und Erfolg im universalen Maßstab, an dem er aber der Größenordnung wegen auch scheitern wird; im Einzelfall ist der Verbleib in der Bedeutungslosigkeit ohnehin die Regel, meist ja sogar dann, wenn man in jungen Jahren – wie es so schön heißt – „zu Hoffnungen Anlass gab".

Einen kurzen Augenblick nur flammt der Gedanke auf, dass auch Neid einen Durchbruch verhindern kann – in dem einen oder anderen Fall. Als an sich nicht ausreichend qualifizierter Quereinsteiger war ich an einer deutschen Auslandsschule kurz davor, eine Festanstellung zu erhalten – was in meinem Berufsstand durchaus einer Art höherer Weihe entspricht. Die Elternschaft lobte mein dreimonatiges Vertretungsgastspiel für eine erkrankte Kollegin überschwänglich. Zu einer dauerhaften Verpflichtung kam es trotzdem nicht. Ganz ungefragt nahm mich eine der stellvertretenden Schulleiterinnen später kurz beiseite. Ob ich wisse, warum ich nicht genommen würde? „Sie sind zu gut!", teilte sie mir knapp mit, enteilte und ließ mich ein wenig irritiert zurück.

Natürlich reicht das nicht als Erklärung. Der Gedanke, dass meine Umwelt meine Leistungen aus reinem Neid nicht würdige, oder gar, um sich Konkurrenz vom Leibe zu halten, schmeichelt meinem Ego und muss schon deshalb mit Misstrauen behandelt werden. Es gibt auch andere Erklärungen. Die vernichtendste wäre, dass ich eben *nicht gut* bin. Das schmeichelt meinem Ego überhaupt nicht und muss schon deshalb mit *noch größerem* Misstrauen behandelt werden. Die endgültige Arschkarte hat man gezogen, wenn der eigene kritische Verstand (inmitten aller ständig und peinlich beschworenen Alltags-"Genialität") gerade noch ausreicht zu erahnen, was das *wahre Genie* ausmacht und wie weit man in Wirklichkeit von ihm entfernt ist. Vor diesem Hintergrund fällt es fast schon wieder leicht, sich mit der eigenen Bedeutungslosigkeit abzufinden.

Immer wieder denke ich darüber nach, woraus sich eigentlich Bedeutung und Bekanntheitsgrad einer Person speisen. Qualität und Originalität allein reichen nicht (nicht einmal Genialität) oder sind schlicht unnötig bis hinderlich. Vieles hat mit einem unerschütterlichen Selbstvertrauen und guter Selbstvermarktung zu tun, einem kraftstrotzenden Ego also. Oh Gott – auf diesen Feldern bin ich ein Totalausfall. Mein Selbstvertrauen ist vormittags vollkommen koffeinabhängig und beschreibt regelmäßig zum Nachmittag hin eine stark abfallende Kurve. Das Glas Rotwein am Abend macht die Selbstzweifel allenfalls erträglich, hilft aber nicht über sie hinweg.

So tröste ich mich mit Gedanken wie diesem: Der Konsument (in meinem Fall der Leser) erkennt Qualität und Bedeutung (oder was er dafür hält) nicht von selbst. Vorsichtig im Mainstream rudernd in dem ängstlichen Bestreben, auf der Höhe der Zeit zu sein, lässt er sich darauf hinweisen und *glaubt dann gerne*, das Besondere eigenständig erkannt zu haben. Dabei braucht er's geglättet, vorgelobt und hochglanzverpackt. Das Anerkennen von Qualität ist ein gesellschaftliches Geschehen, auf das Menschen medial eingestimmt werden und worin sie ständig bestärkt werden müssen, um sich dann nachplappernd und voller Eifer wechselseitig zu bestärken. Es ist nichts anderes als *geliehenes Urteilsvermögen*. So entstehen Bestseller-Listen. Diesen Vorgang nennt man dann, soweit mir bekannt ist, Rezeption.

So landet vermutlich viel Gutes im Papierkorb mit dem Label „nicht witzig" und viel Schlechtes wird gnadenlos überbewertet, weil es Mainstream ist und so viele das tun, und viele können nicht irren. Zum Glück ist immer auch Gutes auf dem Markt und es (meist abseits von Bestseller-Listen) zu finden macht Freude. Und immerhin bleibt eine vielleicht nicht völlig unbegründete Hoffnung, dass sich das wirklich Gute, das Geniale eben, so oder so durchsetzt. Spätestens irgendwann einmal. Nun gut, in dieser Liga spiele ich ohnehin nicht mit.

Also schreibe ich nur noch für mich. Das ist besser als gar nichts, wenn auch nicht *viel* besser. Darüber hinaus habe ich kürzlich beschlossen, gerade in meiner Bedeutungslosigkeit besonders bedeutend zu werden. Oder vielleicht noch besser: selbst in meiner Bedeutungslosigkeit in genialer Weise unbedeutend, weil dies das Ganze ja irgendwie toppt. Ich weiß nur noch nicht, wie ich's anstelle, zum ultimativen Unwicht zu werden. Ich muss wohl damit beginnen, diesen Text von der Festplatte zu löschen.

Dieser Text ist zu lang geraten. Ich weiß es. Ich habe ihn aus purem Trotz nicht gekürzt.

Tod im dritten Untermenü

Dass mein Computer und ich nicht zueinanderfinden, liegt nicht allein an mir. Ich wäre durchaus willens, meinen Teil der Schuld auf mich zu nehmen, wenn sich mein Gegenüber zu Ähnlichem bereit zeigte. Aber es macht keinerlei Anstalten. So kann Versöhnung nicht gelingen.

Vor vielen, vielen Jahren verlief schon meine erste Begegnung mit dem damals noch relativ neuen Betriebssystem „Windows" nicht völlig zufriedenstellend. Ich lebte zu dieser Zeit in den USA. Von einem Onkel meiner Frau erhielt ich dessen fünf Jahre „alten" Computer geschenkt und stürzte mich fleißig in das Abenteuer. Eine Anleitung in Schriftform existierte nicht mehr, eine Art elektronisch gespeicherten Handbuches war nicht zu finden und über einen mein Wissen mehrenden Internetzugang verfügte ich damals noch lange nicht. Was soll's, dachte ich mir – die Grundfunktionen müssten doch auch so beherrschbar sein. Ich wollte wissen, ob es mir fürs Erste gelänge, einen Text einzugeben, zu speichern und sogar noch auszudrucken. Und ich muss sagen: Es gelang auf Anhieb! Das Erfolgserlebnis beglückte mich zutiefst. Der Grundstein zu einer lebenslangen Freundschaft hätte gelegt sein können. Doch es kam anders und begann damit, dass ich das Gerät ausschalten wollte.

Inzwischen weiß ich längst, dass man diesen Vorgang „herunterfahren" nennt. Auf Englisch heißt es ja „shut down", was in meinen Ohren (des Englischen nur begrenzt mächtig) immer wieder nach der Frage klingt, ob ich meinen PC niederschießen möchte – eine Option, die ich deutlich mehr als einmal in meinem Leben aus tiefster Seele bejaht hätte. Schon damals wusste ich, dass es sich zum Ausschalten des Gerätes nicht empfiehlt, den Hauptschalter am Computer selbst zu betätigen (obwohl er doch das „Ein/aus"-Symbol trägt) oder gar den Stecker zu ziehen. Ich begab mich also artig zurück ins Hauptmenü, auf der Suche nach einem Feld, das ich zum Zwecke des Herunterfahrens anklicken konnte. Solche Symbolfelder nennt man Icons, wie ich heute weiß, aber dieses Wissen hätte mir damals auch nicht weitergeholfen.

Es gab *etliche* Icons. Nach meinem Geschmack ein paar zu viele. Eines mit einem Ausschaltsymbol konnte ich nicht finden. Ich suchte den ganzen Bildschirm danach ab. Ich klickte u.a. auf das Icon, das hinterlistig versprach, mich zum Herrn über den Computer zu machen. Es öffneten sich neue Welten und zahlreiche Unter- und Unter-Untermenüs (auch wenn ich mich wiederhole: Nach meinem Geschmack waren es ein paar zu viele). Ich sah mich mit vielen frischen, neuen und hochinteressanten Begriffen konfrontiert (nach meinem Geschmack ein paar zu vielen Begriffen), unter denen ich mir günstigstenfalls *entfernt* etwas vorstellen konnte – meist vermutlich das Falsche (ich habe das bis heute nicht hinreichend überprüft). Eine Art Ausschalter oder wenigstens den versteckten Hinweis auf einen solchen fand ich nicht. Dem Papierkorb-Icon begegnete ich dann schon mit einem gewissen Misstrauen, weil ich mir nicht vorstellen mochte, dass man einen PC ausschaltet, indem man ihn in seinen eigenen Papierkorb wirft. Erneut verrannte ich mich in Menüs, Untermenüs und Unter-Untermenüs. Ein wahrer Kosmos babylonischer Begriffs- und Sprachverwirrung tat sich auf und zeigte mir, wie klein ich war.

Meine Suche zog sich hin. Sie blieb ergebnislos, speziell, weil ich das Start-Icon links unten gezielt ignorierte. Dass man einen bereits eingeschalteten Computer auch nur ansatzweise dadurch *aus*schalten könne, dass man ihn erneut *ein*schaltet, erschien mir in etwa so logisch wie der Versuch, einen Ertrunkenen durch liebevolles Untertauchen unter die Wasseroberfläche wiederzubeleben. Am Ende der Versuchsreihe gab ich auf. Entnervt betätigte ich schließlich doch den Schalter am Computergehäuse selbst (den man fachkundig Power-Button nennt; sogar das weiß ich inzwischen!) und sehnte mich sogleich in die Zeit zurück, als man ein gutes Radio oder einen edlen Verstärker mit einem massiven Dreh-, Schalt- oder Druckknopf ein- und wieder ausschaltete – über diesen satt spürbaren mechanischen Widerstand hinweg, der einen so nachdrücklich wissen ließ, was man getan hatte und dass es *das Richtige* war.

Ja – das waren Schnittstellen zwischen Mensch und Maschine, die *auf den Menschen* zugeschnitten waren. Irgendjemand in der Elektronikbranche muss irgendwann – und zwar sehr früh – entschieden haben, dass es gar nicht cool ist, wenn Rechner sich nach dem Benutzer und dessen haptischen Bedürfnissen oder gar den Bedürfnissen der sprachlichen Logik ausrichten sollen. Seit sich diese Erkenntnis meiner bemächtigt hat, geben sich elektronische Geräte gerade auch der neuesten Generation mir gegenüber sehr spröde, weil sie mich (zu Recht) als ihren Feind erkannt haben. Wenn ich z.b. über einen fettigen Touch-Screen mit ihnen in Kommunikation treten soll, dann kann ich tippen, wischen und scrollen, so viel ich will – *nie* geschieht, wozu man mir das Gerät in die Hand gedrückt hatte. Meist erlischt das Foto, das ich mir unbedingt anschauen sollte, und es erscheint stattdessen: ein Untermenü. Ein I-Phone oder I-Pad und *ich* – das wäre der Inbegriff einer Mesalliance. Aber ich schweife ab. Noch liegt das Augenmerk auf dem klassischen PC und seinen Tücken, von denen ja auch genug im Angebot sind.

Zum Glück ist mir der GAU bisher erspart geblieben. Mein ehemaliger Chef werkelte vor vielen Jahren gerade an seinem zentralen PC mit allen Firmendaten. Wahrscheinlich war er gelangweilt und wollte nur mal aufräumen. Und da er sich seiner Sache in seiner Eigenschaft als Chef wie immer *sehr sicher* war, klickte er das aufpoppende Fenster „Sind Sie sicher…" ganz souverän und professionell, sprich: besonders schnell an. Dumme Frage aber auch! Einen Sekundenbruchteil zu spät las er den Satz zu Ende: „…dass Sie die gesamte Festplatte löschen wollen?" Aber da war es schon geschehen. Der Bildschirm erlosch. Sicherungskopien gab es nicht. Der Begriff „Neustart" bekam eine ganz neue, ungeahnt schöpferische Dimension. Den Rest der Geschichte überlasse ich gerne der Fantasie des Lesers. Er kann zum Ausmalen besonders kräftige Farben benutzen.

Also schön – mittlerweile weiß ich, wie man einen Computer sauber herunterfährt. Dass ich zu diesem Zweck nun endlich auch – durch die Praxis geläutert – ebenso reflexhaft wie gedankenlos das *Start*feld anklicke, also gleichsam den Gesslerhut im Silicon-Valley grüße, macht den Vorgang nicht logischer. Aber es macht mir nun schon seit längerem nichts mehr aus.

Weiterhin rasend aber kann es mich machen, wenn zum Beispiel mein Schreibprogramm mir vorgibt, was ich Ignorant doch wohl *in Wahrheit* schreiben wollte und nur wieder einmal nicht auf die Reihe gekriegt habe. Ein Kleinbuchstabe am Anfang eines Absatzes oder nach einem Punkt bleibt ein Ding der Unmöglichkeit, weil mein PC es selbstverständlich besser weiß und z.B. von moderner Lyrik offenbar noch nie etwas gehört hat. „Ganz klar: Satzanfang!", sagt mein Computer, obwohl da nur ein Adjektiv steht, nichts weiter. „Nein – *diesmal* wirklich nicht!", versuche ich ebenso bescheiden wie verunsichert einzuwenden. „Aber sicher! Aber sicher!", strahlt mein Rechner siegesgewiss zurück und korrigiert mein fortgesetzt kindisches Beharren auf der Kleinschreibung mit einem unendlich größeren und weitaus reiferen Beharrungsvermögen. Ich muss die Änderung schließlich wie ein Dieb in der Nacht am fertigen Text vornehmen und darf danach um Himmels willen die Enter/Umbruch-Taste nie wieder betätigen.

Da ich Gedankenstriche liebe, muss ich höllisch aufpassen, dass mir ein solcher nicht an den Zeilenanfang gerät und ich drei Worte später die nämliche Umbruchtaste drücke, weil mein Schreibprogramm sogleich vermutet, nein: *selbstverständlich viel besser weiß als ich*, dass ich jetzt mit einer Art Aufzählung beginnen möchte, deshalb den Text an dieser Stelle ein Stück einrückt und bei jedem neuen Umbruch ungefragt einen weiteren Strich voranstellt. Da hilft auch nicht der Befehl: Nummerierung aus, der mir wenigstens bei Zahlen in gleicher Situation (leider nur vorübergehend) etwas Ruhe verschafft – eine trügerische Ruhe, gewiss, die nur solange anhält, wie ich nicht auf die sehr unglückliche Idee komme, in einer solchen Aufzählung nachträglich noch etwas einfügen oder ändern zu wollen. Dann nämlich bricht das Armageddon los und ganze Absätze hüpfen zur Strafe wild und furchterregend neu nummeriert durcheinander wie die himmlischen Heerscharen im apokalyptischen Endkampf mit den Mächten der Finsternis.

Zugegebenermaßen naiv würde ich es ja für logischer halten, wenn mein Schreibprogramm im Zweifel davon ausginge, dass ich ein mündiger Mensch bin, und mir deshalb seine geschätzte Hilfe *nur auf meinen ausdrücklichen Wunsch hin* anbietet. Aber nein – es ist genau umgekehrt. Und den grundsätzlichen Befehl: „Lass mich bitte einfach so schreiben, wie *ich* es möchte!" oder noch klarer und befriedigender: „Verpiss dich mit deinen Scheiß-Bevormundungen, du Missgeburt!" gibt es nicht. Vielleicht habe ich diesen Befehl aber auch nur noch nicht gefunden, weil er sich erfolgreich in einem dritten Untermenü versteckt hält und weiter seiner Entdeckung harrt.

Um einen Druckauftrag zu stoppen, der wie der Besen in Goethes Zauberlehrling mal wieder eine komplette Datei statt der gewünschten Einzelseite ausdrucken will (ich gebe ja zu: Es war *mein* Fehler!), musste ich mich vor nicht allzu langer Zeit noch durch mindestens fünf Untermenüs auf die richtige Art und Weise hindurchkämpfen, während der (nicht abschaltbare!) Drucker fleißig vor sich hin ratterte (das machte locker wenigstens 23 unerwünscht ausgedruckte Seiten, aber auch nur, wenn man nicht in Panik geriet). Dann endlich schien die Rettung in Reichweite: „Druckauftrag abbrechen" stand da. Schneller habe ich eine Option wohl noch nie angeklickt. Leider beanspruchte die Ausführung dieses Befehls durch den PC dann aber nochmals einen Zeitraum, in dem weitere fünfzehn Seiten, die ich nicht wollte, engbedruckt das Licht der Welt erblickten. Gut - bei meinem jetzigen Drucker ist es endlich wieder möglich, das Gerät über einen offenbar reumütig wieder eingebauten mechanischen Schalter einfach nur auszuschalten (Ein richtiger Schalter zum Ausschalten! Ja – darauf muss man erstmal kommen!), um dann die entsprechenden Druckauftrags-Abbruch-Befehle in Ruhe abarbeiten zu können.

Das zur Archivierung von Familienfotos beschaffte Scan-Gerät hat nicht nur nicht funktioniert, sondern mit der mitgelieferten Software auch noch ganz heftig in den inneren Ablauf meines Computers, speziell bei den Bilddateien, eingegriffen und ließ sich danach selbstverständlich nicht problemlos wieder deinstallieren, weil... Ach, sagen wir es einfach und kurz: Es hat mich zwei Stunden Zeit gekostet, meinen PC wenigstens in etwa wieder wie gewohnt nutzen zu können, also annähernd den Ausgangszustand wiederherzustellen – Betonung auf annähernd, und es war reiner Zufall, denn was sich wirklich in den Tiefen der Speicher in Form widerstreitender Programme verheddert hat und verheddert bleibt, weiß ich natürlich nicht und werde ich auch nie erfahren. Längst ist mir klar, dass mein Rechner mich beherrscht und nicht umgekehrt ich ihn, wie es doch eigentlich sein sollte. Mein Rechner beherrscht sich aber auch nicht selbst.

Beherrscht wird er offenbar von den Programmen und Downloads, die in seinen Unterwelten zufällig gerade die Oberhand gewonnen haben. Und er bekämpft das zunehmende Durcheinander seines immer komplexer werdenden Innenlebens per ständiger Updates mit noch mehr Komplexität, also mit noch mehr Durcheinander. Wirklich schlau ist das nicht. Er weiß nicht, wie ihm geschieht, und ich weiß nicht, wie mir geschieht. Glück fühlt sich anders an.

Mein Virenschutzprogramm, das eigentlich auf automatische Updates eingestellt ist, führt diese gleichwohl nicht automatisch aus (wozu auch!), sondern warnt mich stattdessen – aber auch das nur auf *ausdrückliche* Nachfrage meinerseits – mit Sätzen wie: „Es liegen Hinweise vor" (orange Schrift) oder „Ihr System ist gefährdet" (rote Schrift). Worin denn die Hinweise bestehen oder welcher Art die Gefährdung um Himmels willen sein könnte, bleibt ein wohlgehütetes Geheimnis des Programms, das sich selbstverständlich durch naives Anklicken der beunruhigenden Botschaften selbst nicht entschlüsseln lässt. Irgendwann fand ich dann heraus, dass die „vorliegenden Hinweise" sich doch nicht auf den nächsten Weltuntergang beziehen, sondern damit offenbar nur mehr oder weniger bedeutende Werbe- und Kurznachrichten aus der Welt der Virenschutzprogramme gemeint sind (in meiner Sprachregelung hieße das ganz profan: „Sie haben Post") und dass die „Gefährdung" darin besteht, dass ein neues Update für mein Virenschutzprogramm bereitsteht. Natürlich ist nicht das Update die Gefährdung (wenigstens hoffe ich das) sondern die Update*losigkeit* – und diese Vermutung wird von der Annahme genährt, dass mich und meinen Software-Anbieter immer noch eine gewisse Grundsubstanz an Sprachlogik eint. Nun gut, auch hier habe ich gelernt, eigenständig Updates zu starten, die doch angeblich vollautomatisch erfolgen sollten und in deren Verlauf das System sich dann allmählich wieder beruhigt, wobei ihm kurz noch ein paar besonders dringende, endzeitliche Warnungen – überflüssigen Darmwinden gleich – entweichen, um am Ende der Prozedur in wohltuend grüner Schrift zu verkünden, dass nun erneut alles sicher sei. Soweit. Tiefes Durchatmen meinerseits.

Im Übrigen bietet mir mein Virenschutzprogramm nun auch noch einen speziellen *Webschutz* an, der mich aber (das ist mir völlig klar) nicht vor handgewirkter Tuchware schützen soll oder gar vor dem Zwang, solche herstellen zu müssen, und der auch in keiner Verbindung mit dem historischen Weberaufstand in Schlesien zu stehen scheint. Ein wieder einmal wie ein Springteufel aus dem Nichts aufpoppendes Fenster bat mich, diesen Webschutz doch bitte zu installieren. Klingt vernünftig, dachte ich. Vor dem Web kann man sich gar nicht genug schützen. Und drei Klicks später meldete das System bereits: Installation erfolgreich abgeschlossen. Toll. Und beruhigend. Offenbar kann sich mein Virenschutzprogramm diesen angeblich so erfolgreich abgeschlossenen Vorgang nun aber leider nicht merken. Jedes Mal, wenn ich die Zauberwelt des Internet wieder betrete, poppt das Fenster erneut auf. Habe ich nun „Webschutz" oder habe ich keinen – und wenn ja: worin besteht er? Vielleicht sollte ich jetzt doch einmal die „Webhilfe" in Anspruch nehmen, die mir gleichfalls hin und wieder angeboten wird und mich dazu entspannt auf einem Webstuhl niederlassen. Zwei weitere Male noch habe ich die Installation des Webschutzes angeblich „erfolgreich" durchgeführt. Man hat ja Geduld. Aber nun reicht's. Ich habe genug zu tun, mich mit den Vorboten meiner eigenen Demenz auseinanderzusetzen.

Das sind also die alltäglichen Ärgernisse, oder besser: eine kleine Auswahl davon. Die Beispiele ließen sich beliebig fortsetzen. Unnötig und überflüssig wie ein Kropf, aber offenbar hinzunehmen und mit etwas Einfallsreichtum gerade noch korrigierbar. Sie verblassen jedoch sehr schnell, wenn es um die *großen* Ärgernisse geht, die sich wie Naturkatastrophen ereignen: Sie schlagen seltener, dafür aber mit umso größerer Härte zu.

„Never change a running system" ist eine der ganz tiefen Wahrheiten, die so klar nur in einer Schicksalsgemeinschaft gleichermaßen Verzweifelter formuliert werden kann. Wenn es allein nach mir ginge, würde ich ein funktionierendes Computer-System *niemals* ändern, auch dann nicht, wenn man mir den PC in Gold aufwöge. Aber es geht nicht allein nach mir.

Schon Updates sind suboptimal, wenn sie nicht wirklich vollautomatisch ablaufen, sondern nur hinterlistig versprechen, solches zu tun, um dann umso größere Zicken zu machen. Das Feld, das ich anklicken muss, um sie zu starten, sollte „in Gottes Namen dann" heißen. Wozu brauche ich Updates? Ich gehöre zu den Menschen, die tendenziell sehr zufrieden sind mit dem, was sie haben. Updates sind *nie* zufrieden. Sie drängen sich auf wie eine Horde Vertreter, die ihren Fuß unverschämterweise in die Haustüre stellen, damit man sie so leicht nicht loswird. Sie vermüllen meinen PC und stürzen ihn in unheilbare Selbstzweifel. Und *ein* Verdacht lässt mich nicht los: Zusammen mit den Daten, die im Rahmen eines Updates *auf* meinen PC gelangen, fließen mindestens genauso viele meiner angeblich so gut geschützten Nutzerdaten weiß ich wohin fort. Dafür braucht's noch nicht einmal das Fressenbuch oder ähnliches zum Zwecke der freiwilligen, kollektiv-peinlichen Datenentblößung. Das kann ich natürlich nicht beweisen. Und deshalb ist dieser Verdacht ebenso böswillig wie das Internet gutwillig ist.

Im Übrigen: Technische Standards ändern sich, Netzwerkbetreiber kommen stets auf neue Ideen, *weil* technische Standards sich geändert haben, der Fortschritt allgemein reicht sowieso immer als Begründung, mir als Konsumenten das Leben zu vergällen und zu verteuern, und Computer samt den ihnen innewohnenden Programmen haben immer kürzere Halbwertszeiten, bis sie endgültig auf einem Müllberg landen, der im Weltmaßstab längst die Ausmaße des K2 angenommen haben muss, obwohl diese Geräte vor wenigen Jahren noch das Nonplusultra darstellten. Und dann lautet die Standardfloskel derer, die mir das Neue (gerne auch via einer Netzbetreiber-Hotline) ungefragt aufzwingen, damit ich überhaupt eine Chance habe, weiter dabeisein zu dürfen bei diesem weltweiten, großartigen und unverzichtbaren Internet-Zirkus: Sie brauchen nach dem Anschluss z.B. des neuen Routers (den ich ganz bestimmt nie wollte) nur noch eine Neuinstallation durchzuführen, Betonung auf *nur noch*. Auf das Wort „Neuinstallation" reagiere ich grundsätzlich mit Schweißausbrüchen und Panikattacken. Diesen Begriff innerhalb eines einzigen Satzes mit den Partikeln *bloß* oder *nur* zu kombinieren ist eine ebenso klare wie vorsätzliche Verhöhnung des gesunden Menschenverstandes.

Neuinstallationen sind fernab jeder Routine des Normalverbrauchers. Wenn er Glück hat, kommt er nicht öfter als alle paar Jahre in diesen Genuss. Doch in der

Zwischenzeit hat er längst alles vergessen. Er kramt nach Passwörtern und Zugangscodes, um die er sich jahrelang nicht kümmern musste. Und wenn eines sicher ist, dann dieses: Das Vorhaben misslingt. Ein Hoch an dieser Stelle auf alle Verwandten und Bekannten, die hier helfend einspringen können. Aber auch sie, die von der Materie deutlich mehr verstehen, sind *nur* Stunden beschäftigt.

Wer niemanden hat, den er um Hilfe bitten kann, bleibt im schlimmsten Fall auf einen Service-Techniker des Netzbetreibers oder die Hotline des Hersteller-Kundendienstes angewiesen. Die bizarren Begleitumstände des Bestrebens, in diesen Fällen zeitnah und kostengünstig ein erträgliches Ende herbeizuführen, hat Franz Kafka überzeugend vorausgeahnt. Seinen tragisch frühen Tod darf ich mit dieser Problematik leider nicht in direkten Zusammenhang bringen, so groß die Versuchung ist und so gerne ich es täte.

Die Schnittstelle Mensch – Maschine mag aus Sicht der Maschine optimal sein, aus Sicht des Menschen ist sie es sehr oft nicht, besonders eben, wenn es sich um elektronisches Gerät handelt. Deshalb verzögerte sich vor Kurzem die Abfahrt mit einem PKW vor meiner Haustür ganz erheblich. Ein Freund hatte sich angeboten, mich zu einem gemeinsamen Termin mitzunehmen. Als ich in seinen Wagen stieg, bemerkte ich schnell, dass er sehr genervt – nein, halt!: längst am äußersten Rande der Verzweiflung war. Ich weiß nicht, wie Hasen während einer Treibjagd dreinschauen, aber ich kann es mir jetzt irgendwie besser vorstellen.

Mein Freund besitzt eines dieser Autos, in deren Lenkrad anstelle der Druckplatte für die Hupe das komplette Tastenfeld eines Keyboards integriert ist, zumindest *fast*. Damit lässt sich alles steuern außer dem Fahrzeug selbst, aber Geduld – das kommt ja auch noch. Versehentlich war er an eine dieser Tasten geraten und hatte dadurch die Grundeinstellung des Displays im Armaturenbrett verändert. (Display! Keyboard! Wie unglaublich leicht mir diese Worte seit Jahren bereits über die Lippen gehen!) Ebenso verzweifelt wie vergeblich versuchte er, dies rückgängig zu machen, um in den gewohnten Anzeigemodus zu gelangen. Aber all seine Bemühungen brachten nur neue Menüs zum Vorschein, und Untermenüs und Unter-Untermenüs und mit ihnen diese vielen frischen, neuen und immer wieder so hochinteressanten Begriffe, mit denen leider nur so wenig anzufangen ist. Mir kam das sehr vertraut vor. Das Schicksal bewahre mich vor Kraftfahrzeugen mit Untermenüs! Ich halte es übrigens für komplett widersinnig, dass man in solchen Fällen Bedienungsanleitungen mitgeliefert bekommt – dick wie ein Telefonbuch: Es ist die Bankrotterklärung der Software-Hersteller. Jedes elektronische System, das sich dem Normalverbraucher, für den es gemacht ist, nicht selbst erklären kann, ist eine Fehlkonstruktion. So einfach ist das.

Mein Freund konnte das Problem nicht beheben. Ich war ganz still – das einzige, was ich in solch einer sprengstoffhaltigen Ausnahmesituation für verantwortbar halte. Die Luft im Fahrzeuginneren war zum Schneiden dick. Der kleinste Funke hätte genügt, die Katastrophe auszulösen. Nach dem vergeblichen Aufruf zahlloser Untermenüpunkte und einer gefühlten Ewigkeit fuhr mein Freund zutiefst frustriert dann schließlich doch los – das immerhin war noch möglich. Wie so etwas in ähnlicher Lage vielleicht in zwanzig bis dreißig Jahren aussieht, darüber möchte ich lieber nicht spekulieren. Die Autos werden dann möglicherweise bierdeckelgroße Not-Lenkräder haben oder Joysticks, die keinen Spaß machen, oder das ganze System wird auf Zuruf reagieren – wer weiß das schon. Eines aber ist ganz sicher: Es wird *sehr viele* Untermenüs geben. Und Nutzer, die in Wahrheit nicht wissen, wie ihnen geschieht – gestresst wie die Hasen bei einer Treibjagd.

Wenn die Automobile dann genauso zuverlässig, übersichtlich und logisch in der Bedienung geworden sein sollten wie mein PC es heute ist, möchte ich besser nicht mehr leben. Ich stelle mir vor, dass ich eine dringende Fahrt antreten will, aber leider erst noch auf die Beendigung eines vollautomatischen Updates warten muss, das mich dann ebenso vollautomatisch im Stich lässt, vielleicht weil der Server gerade streikt, was dem Provider aber schon deshalb herzlich egal ist, weil ich nicht einmal genau weiß, was ein Provider ist. Oder dass mein Bordcomputer gehackt wird mit dem Befehl „Lenkung und Bremse: aus", während ich gerade mit einem Tempo von 160 Stundenkilometern auf der Autobahn unterwegs bin. Zu retten wäre ich dann wahrscheinlich nur durch die umgehende Deaktivierung eines Pop-up-Blockers, aber ich weiß nicht, ob ich eine reelle Chance hätte, noch vor dem nächsten Brückenpfeiler herauszufinden, was ein Pop-up-Blocker ist, geschweige denn, wie man ihn deaktiviert. Hupen kann ich vermutlich nur im dritten Untermenü, nachdem ich der Reihe nach angeklickt habe: System / Labelliste / Ansicht sortieren / Synchronisierungscenter öffnen / Öffnen mit zip oder cab / Dateien entpacken / Hupvorgang ein/aus. Oder so ähnlich.

Die Sprachlogik der Computerwelt ist nicht die meine. Oft zweifle ich sogar daran, ob wir uns, was ganz allgemein die Prinzipien der Logik betrifft, in demselben Universum aufhalten. Das gebe ich ganz offen zu. Dabei gehöre ich durchaus zu den Menschen, die wissen, dass man zum Brennen einer DVD oder CD-ROM kein Feuerzeug benötigt. Und die ausfahrbare Schublade für das DVD-Laufwerk habe ich auch noch nie als Becherhalter (neudeutsch: Cupholder) angesehen oder gar benutzt. Ehrenwort!

Ich fände es aber – um nur ein Beispiel zu nennen – irgendwie doch schön, wenn man sich, statt fröhlich und munter durcheinander die Begriffe „Benutzername" und „User-ID", oder „Passwort" und „Kennwort", o.ä. für ein und denselben Zugangscode zu verwenden, sich zumindest in *derselben* Anwendung auf einen durchgängig verwendeten Begriff einigen könnte. Aber nein: „Kennwort eingeben" heißt es da und gleich darauf kommt die irritierende Aufforderung „Passwort wiederholen" Wie denn nun? Mein Kennwort hatte ich ja zum Glück irgendwo notiert und sogar wiedergefunden. Was aber um Himmels willen ist denn nun das Passwort? „Na, das ist doch klar", höre ich die Spezialisten rufen, „das Passwort ist natürlich das Kennwort – sonst könnten Sie es ja nicht wiederholen!" Nein, es ist *nicht* klar, heilige Scheiße und verdammt nochmal, jedenfalls nicht nicht für den traurig-naiven Rest der Menschheit, der den Glauben daran noch nicht ganz verloren hat, dass Sprache unter anderem auch einen logischen Sinn transportieren darf und Begriffe unmissverständlich geklärt sein sollten, ehe man sie – und dann bitte durchgängig – verwendet. Die Kunst der sprachlichen Variation überlasse man der Dichtung, wo sie hingehört und als Stilmittel mit besonderem Bedacht – nicht aus schlampiger Denkfaulheit – verwendet wird.

Auch der Telekom sind solche Überlegungen offenbar fremd. Sie fordert mich nach einer Fehlermeldung auf, zur (Neu-?)Anmeldung meines Internetzuganges den *Benutzernamen* einzugeben. Und welchen, bitteschön? Das mir von der Telekom per Post zugesandte „Benutzerprofil" mit meinen persönlichen Zugangsdaten, das ich seit Jahren brav aufbewahre, kennt leider nicht den Begriff „Benutzername", sondern nur eine „Anschlusskennung", eine „T-Online-Nummer" und ein „persönliches Kennwort". Verzweifelt probiere ich alle drei. Es wird den Leser nicht überraschen, dass dieses Bemühen vollkommen erfolglos ist. Ich resigniere. Es muss wohl doch an mir liegen.

Wir lernten (und verfluchten – vermutlich zu unrecht) in der Schule noch die Gliederung, also die strukturelle Aufarbeitung eines Themas in Form von treffenden und hierarchisch abgestuften Überschriften. Brockhaus-killer Wikipedia sagt hierzu: „Gute Gliederungen sind gekennzeichnet durch Logik der Gleich- bzw. Unterordnung aller Teile, durch Präzision der Überschriftenformulierungen sowie durch einheitlichen Überschriftenstil." Recht hat man. Diesen Satz sollten sich Softwareentwickler eingerahmt über ihren Arbeitsplatz hängen, nachdem sie das Wort „Gliederungen" durch das Wort „Programme" oder – von mir aus – das Wortungetüm „Benutzeroberfläche" ersetzt haben. In einer guten Gliederung findet man sich *auf der Stelle* zurecht. Muss ich mehr sagen?

Aber längst schon hat die Logik des Computerdeutschen in unheiliger Allianz mit dem Neudeutschen den Sprachgebrauch und die Sprachlogik im und um das Internet herum ruiniert. Ich mag diese Entwicklung nicht. So verspricht man mir seit Neuerem, bei Herausgabe meiner Postadresse (ich weigere mich standhaft!) zur Belohnung „mein Online-Einkaufserlebnis zu optimieren" und versichert mir dabei ständig, wie „großartig" ich sei. Und eine absolut seriöse Dame gab mir auf meine Bitte um einen Anmeldevordruck für ihr Institut zur Antwort: „Da gehen Sie einfach aufs Internet. Auf unsere speziellen Seiten. Da können Sie sich bequem einen runterholen."

An dem Eingabegerät meiner Bank (richtig: *Noch* verweigere ich mich dem Online-Banking; es ist natürlich ein Rückzugsgefecht) erscheint seit Neuestem nicht mehr das kundenorientierte, absolut unmissverständliche Fenster „Überweisung" sondern das dem Programmiererhirn entsprungene Icon „Überweisungsmenü". Na schön – hier gibt es vielleicht etwas zu essen und man gewöhnt sich ja an alles – aber *muss* das sein? Will ich nur meine Kontoauszüge, steht da ja auch nicht: „Kontoauszügemenü", obwohl es eigentlich doch eine aufreizend hübsche Wortschöpfung darstellt. Absolut unschlagbar wäre allerdings ein „Menümenü". Vergebens fahnde ich auch nach einem „Beendenmenü". Nein, das Feld heißt seltsamerweise einfach nur „Beenden" und hätte mir damals, bei meinem Jahrzehnte zurückliegenden Versuch, meinen ersten PC mit einem Windows-Betriebssysten auszuschalten, sehr geholfen.

Gut. Will man etwas überweisen, tippt man also das Feld „Überweisungsmenü" an. Und wenn man die Überweisung dann eingescannt oder sorgfältig eingetippt hat, eröffnet sich nicht mehr wie zuvor die klare Option „Überweisung ausführen", sondern es ergeben sich nur noch die eher irritierenden Möglichkeiten einer „Kontrolle" oder eines „Abbruchs" – diesmal leider ohne Menü, was aber gar nicht tragisch ist, weil ich die ganze

Sache sowieso schon satt habe. Abbrechen wollte ich diesen ohnehin umständlichen Vorgang eigentlich nicht und meine Überweisungsdaten hatte ich doch gerade erst kontrolliert, was bei zwanzigstelligen IBAN-Nummern und nachlassender Sehstärke kein besonderer Genuss ist. Die zuvor von mir mit gewissem Bedacht und Rücksicht auf meine Augen eingegebenen Lücken in der optisch endlosen IBAN-Nummer hatte das Programm übrigens gerade noch rechtzeitig mit der Aufforderung zur Kontrolle vor- und fürsorglich entfernt – vermutlich, um es mir leichter zu machen.

Beim Vorgängerprogramm war es interessanterweise genau umgekehrt gewesen – das setzte die Lücken der Übersichtlichkeit wegen, auch wenn man sie gar nicht eingegeben hatte. Aha – es *ging* doch! Nun aber, wie gesagt, geht es nicht mehr und es findet sich ganz bestimmt jemand, der mir mit Nachdruck versichert, dass dies aufgrund eines universalen Naturgesetzes anders gar nicht möglich ist und selbstverständlich nie anders möglich war noch jemals anders möglich sein wird. Immerhin: Die erbetene Hilfe zur Ausführung der Überweisung wird mir von einer Bankangestellten freundlich-genervt und distanziert-herablassend gewährt. Und nun wird mir klar: Das Feld „Kontrolle" meint, dass *ich* den Rechner auffordere, meine Eingaben zu kontrollieren, nicht umgekehrt. Das Vorgängerprogramm führte diese Kontrolle seltsamerweise automatisch durch, wenn man das Feld „Überweisung ausführen" anklickte. Aber ich bin dankbar für jede Klarstellung. Dennoch bleibe ich alles in allem sehr allein mit der Frage, warum wieder einmal das Klare dem Unklaren weichen musste.

Und wenn ich, endlich zuhause angekommen,

auf meinem PC eine Nachricht erhalte wie: „Ihre Kontakte haben Erlebnisse eingestellt. Klicken Sie auf das Ereignis", dann bin ich nicht nur in Bezug auf meine Benutzeroberfläche stark sprachbetrübt – nein: das geht tiefer. Und dann treffen mich auch noch die Aufforderungen: „Diese Seite bittet Sie zu bestätigen, dass Sie diese Seite verlassen möchten" (ersetzen Sie spaßeshalber mal das Wort „Seite" durch das Wort „Frau"), „Bitte legen Sie einen neuen Benutzer an", „Hier können Dialoge angedockt werden" und „Bitte warten Sie, während der Event Manager konfiguriert" wie vier sprachliche Leberhaken kurz nacheinander. Ich versichere aber vorsorglich, dass ich schon meiner guten Kinderstube wegen *niemals* auf die Idee käme, einem konfigurierenden Event Manager gegenüber irgendeine Form von Ungeduld an den Tag zu legen, zumal ich nicht weiß, wie ich mir einen konfigurierenden Event Manager vorzustellen habe. Sehr entrückt auf jeden Fall, vielleicht als einen meditierenden Buddha oder etwas in der Art, und: Selbstverständlich warte ich! Was sonst bliebe mir übrig? Schnell bietet mir deshalb noch ein Internetvideo an, dass ich es auch „später als Michael Max ansehen" könne, was immer das heißen soll. (Kann ich mir das Video auch als *jemand anders* ansehen? Und zwar später als ich/mich selbst? Oder vor mir selbst? Oder doch später als vor mir? Oder vielleicht vor mir eher als hinter mir oder nach mir oder früher oder vorher doch noch später?) Ich gebe verwirrt auf.

Zu guter Letzt bittet mich mein Paketzusteller DHL im Rahmen einer Abfrage über den Status einer Paketsendung allen Ernstes darum zu bestätigen, dass ich „kein Roboter bin". Offen gestanden bin ich mir da aber gar nicht mehr so sicher. Trost kam von meinem Sohn: Roboter hätten in der Tat Mühe, solche Felder anzuklicken.

Kurz denke ich darüber nach, wie schlau es dann wohl ist, Roboter chirurgische Eingriffe ausführen oder ans Steuer meines Autos zu lassen. Aber: Alles diene nur meiner Sicherheit. Na schön. Und sogar Windows 10 hat sich – nach über zwanzig Jahren – meiner erbarmt und dem Start-Icon tatsächlich das Symbol eines „Ein/aus"-Schalters beigefügt – das verschafft mir nachträglich noch ein wenig Genugtuung. Einen grundsätzlichen Ausschalter für all die übrigen Ärgernisse gibt es aber immer noch nicht. Nicht einmal im dritten Untermenü.

P.S.: Kurz nach Fertigstellung dieses Textes stürzte mein PC unrettbar in die tiefsten Tiefen der Datenhölle ab und wurde zum Garantiefall. Wenigstens das. Als aufgeklärter Mensch weigere ich mich (noch) standhaft, hier einen Zusammenhang oder gar eine Verschwörung zu sehen und dies darüber hinaus durch eine „Theorie" zu adeln.

Der Absturz kündigte sich an. Mal wieder erschien bei dem Versuch, Zugang zum Internet zu erhalten, der Hinweis: „Verstoß gegen das Netzwerkprotokoll. Dieser Fehler kann nicht behoben werden. Benachrichtigen Sie Ihren Website-Betreiber." Das kannte ich schon. Die textliche Analyse der Nachricht brachte mich auf – aber nicht weiter. Ich weiß nicht, was ein Netzwerkprotokoll ist und ich weiß noch weniger, wie man dagegen verstößt. Warum ich meinen Website-Betreiber wegen eines Fehlers benachrichtigen soll, der ohnehin nicht zu beheben ist, bleibt mir logisch betrachtet ein Rätsel. Ich sehe mich gedanklich bereits wieder in die Warteschleife der Telekom-Hotline verheddert, die mein halbstündiges, nur anfangs geduldiges Ausharren belohnt mit ewig gleicher Musik, der steten Versicherung, dass der nächste freie Mitarbeiter *sehr bald* für mich Zeit haben werde und *speziell meine Meinung* der Telekom – warum auch immer – ungeheuer wichtig sei. Und habe ich dann endlich und wirklich einen lebendigen Menschen am Telefon, atme ich kurz auf und tief durch und bemühe mich – ein wenig zu devot und ein wenig zu nervös vielleicht – das aufgetretene Problem so knapp und präzise, wie es einem „Digital-Naive" nur eben möglich ist, zu beschreiben. Sollte die Beschreibung aber aus Sicht des Telekom-Mitarbeiters doch nicht knapp und präzise genug ausgefallen sein, wird am anderen Ende schon mal der Hörer aufgelegt. Die Mittagspause hat Vorrang.

Alles verschwimmt vor mir. Man hätte mir auch die Nachricht übermitteln können: „Ihr Hamster ist tot. Dieser Fehler kann nicht behoben werden. Wenden Sie sich an den lieben Gott oder besser gleich an das Weiße Haus." Ich wäre genauso schlau.

Und das ist es: In dieser ganzen überkomplexen elektronischen Datenwelt kämpfen überkomplexe Programme gegeneinander und mit sich selbst, kämpft Hardware gegen Software und umgekehrt, werden Schaltkreise miniaturisiert, bis unendlich dünne Leiterbahnen auf nahezu atomaren Abstand aneinandergerückt und Kurzschlüsse zwischen ihnen vorprogrammiert sind, häufen sich dramatisch zunehmend die Fehlermeldungen, rühren Hacker und Internet-Viren kräftig im Cocktail mit, werden pausenlos und liebevoll Daten ausgespäht, versenden Betrüger mit Hingabe ihre Phishing-Mails, geben wir ständig intimste Informationen preis und wissen nicht einmal, wem, freut sich jedweder Totalitarismus schon jetzt auf und über den umfassenden informativen Zugriff, verkürzen sich rapide die Halbwertszeiten, in denen elektronisches Gerät sich selbst zerlegt und zu gigantischen Müllbergen anhäuft, und wachsen damit verbunden vor allem die Umsätze der Hersteller – nicht aber mein Wohlbefinden und mein Selbstwertgefühl. Und ich soll demütig akzeptieren: Es liegt in Wahrheit alles an mir. Ich bin zu alt oder zu dumm für den Computer. Oder beides. Vor allem aber bin ich offenbar nicht bereit, um die achtzig Prozent meiner aktiven Lebenszeit dieser schönen neuen Welt und ihren Tücken zu opfern, um *wirklich* dabeizusein. Das ist Gehirnwäsche. Es ist perfide. Es macht mich wütend.

Klimawandlungen auf der Titanic

Es war am gesetzlichen Feiertage der Ausschüttung des Heiligen Kindes zusammen mit dem Bade. Die Situation war diese: Die Titanic lief voll Wasser. Oder ich sage mal so: *Drei* von den Vieren dort oben auf der Kommandobrücke konnten sich in etwa darauf verständigen, dass Wasser in das Schiff eindringe. Der Kapitän stritt es ab. Er erklärte: Seine Kajüte, aus der er gerade gekommen sei, sei völlig trocken. Was für seine Kajüte gelte, gelte auch grundsätzlich: Das Schiff sei dicht. Außerdem sei das Schiff von Anfang an undicht gewesen. Das sei auch ganz normal bei Schiffen. Zum Ausgleich dafür sei die Titanic ja unsinkbar. Er fände Wasser an sich im Übrigen gar nicht schlimm. Wegen dieser Liebe zum Wasser sei man schließlich auf den Weltmeeren unterwegs. Dieses ganze panische Untergangsgequatsche gehe ihm außerdem jetzt schon tierisch auf den Zeiger.

Der Erste Offizier pflichtete ihm im Wesentlichen bei. Zwar dringe wohl doch Wasser in das Schiff ein, das sei schwer zu leugnen, doch sei dies ein völlig natürlicher Vorgang und nicht auf die Einwirkung von Menschen zurückzuführen. Für diesen Fall habe man schließlich Lenzpumpen. Es gebe praktisch kein Schiff, in das nicht auf irgendeinem Wege Wasser eindringe. Und so viel Wasser werde es schon nicht sein.

Der Kapitän stellte fest, dass es ihm *gar nicht* schwerfalle zu leugnen, dass Wasser in das Schiff eindringe. Er tue es hiermit gerne. Man müsse auch an den Börsenkurs der Reederei – also an die kleinen Leute – denken. Das sei es, was er unter Verantwortung verstehe. Aber damit stehe er offenbar wieder einmal allein.

Keineswegs, sagte der Erste Offizier.

Der Zweite Offizier führte das Eindringen des Wassers, dessen Menge er als nicht unerheblich einschätzte, in fragwürdiger Vereinfachung auf den gerade erfolgten Zusammenstoß mit einem Eisberg zurück. Er wagte die Aussage, dass das Schiff sinken werde und man von menschlichem Versagen auszugehen habe. Ob es denn keine Eisbergwarnungen gegeben habe, fragte er.

Eisberge seien um diese Jahreszeit etwas ganz Normales, ereiferte sich der Kapitän, ein durchaus bekanntes Naturphänomen. Eisberge habe es schon immer gegeben. Ob der Herr Zweiter Offizier etwa allen Ernstes behaupten wolle, dass die Existenz von Eisbergen auf menschliches Versagen zurückzuführen sei? Nein, das wolle er *so* allerdings nicht behaupten, erklärte der Zweite Offizier eilig. Sehen Sie? sagte der Kapitän. Sein Überblick rührte daher, dass er auf der höheren Gehaltsstufe stand.

Der an Bord befindliche Konstrukteur des Schiffes kam auf die Kommandobrücke. Das Schiff werde sinken, sagte er. Oh ja, wieder mal ein ganz Schlauer, sagte der Kapitän, und dafür werde er bezahlt? Der Konstrukteur bat um Entschuldigung. Er habe nur darauf hinweisen wollen. Rein wissenschaftlich könne es keinen Zweifel geben. Er halte es für seine Pflicht, auf diesen Umstand aufmerksam zu machen. Mehr könne er nicht tun. Dafür sei man ihm auch dankbar, sagte der Erste Offizier. Er – der Konstrukteur – könne jetzt gehen, sagte der Kapitän. Er dachte: Der Mann ist überbezahlt.

Das Schiff geriet in Schräglage. Der Steuermann wies darauf hin. Dies sei Unsinn und eine sehr subjektive Wahrnehmung, sagte der Kapitän. Man müsse sich auf dem Boden der Tatsachen bewegen. Emotionen hätten hier keinen Platz. Eine gewisse Schräglage sei für Schiffe unter bestimmten Voraussetzungen völlig normal. Vielleicht sei der Steuermann auch nicht ganz nüchtern. Letzteres bestritt der Steuermann.

Was nun zu tun sei, wollte der Zweite Offizier wissen. Es gebe nichts zu tun, sagte der Kapitän, solange die Ursache für das Eindringen des Wassers nicht geklärt sei. Er hasse ideologisch geprägten Übereifer. Man könne aber doch die Lenzpumpen anwerfen, schlug der Zweite Offizier vor. Ob er wisse, was das koste, schrie der Kapitän. Nein, sagte der Zweite Offizier, er wisse nicht, was das koste. Sehen Sie? sagte der Kapitän. Er stand immer noch auf der Gehaltsstufe mit dem besseren Überblick.

Das Wasser im Schiff steige tatsächlich weiter an, wandte der Steuermann ein. Das sei ein ganz natürlicher Vorgang, wiederholte der Kapitän. Das habe es schon immer gegeben. Das habe er schon immer gesagt. Das sei der Lauf der Welt, seit es Schiffe gebe. Er habe da eine Idee, sagte der Erste Offizier. Wenn man Wasser in das Schiff *hinein*pumpe, könne dort, wo das hineingepumpte

Wasser sei, kein Wasser von außen mehr eindringen. Das klinge vernünftig, sagte der Kapitän.

Würde das Schiff dann aber nicht noch schneller sinken? fragte der Zweite Offizier. Man habe es hier mit naturgegebenen Prozessen zu tun, gegen die man ohnehin machtlos sei, erklärte der Kapitän. Sinkende Schiffe seien nun wirklich nichts Neues. Er verstehe die ganze Aufregung nicht.

Die Aufregung entstehe ja auch nur deshalb, weil das – selbstverständlich völlig natürliche – Sinken eines Schiffes Auswirkungen auf Passagiere und Besatzung haben könne, sagte der Zweite Offizier. Auch diese Auswirkungen seien vollkommen natürlich, sagte der Kapitän. Er wünsche ein Ende der fruchtlosen Debatte.

Auf dem Hauptdeck demonstrierten Passagiere einseitig gegen das Sinken des Schiffes. Das also sei der Grund für die Schräglage, sagte der Kapitän. Ob jemand verstehen könne, was da gerufen werde, wollte er wissen. Es klinge nach: „Wir sind hier, wir sind laut, weil ihr uns die Zukunft klaut!", sagte der Steuermann. Da sehe man mal wieder, was bei diesen ganzen Debatten herauskomme, sagte der Kapitän. Ein jeder ohne Sachverstand fühle sich berufen, wohlfeil zu protestieren.

Es sei nun aber doch an der Zeit, in das Rettungsboot zu steigen, sagte der Erste Offizier. Es sei immer gut, Entscheidungen genau dann zu treffen, wenn es an der Zeit sei, sagte der Kapitän. Das zeuge von Führungsqualität. Die *wahre* Tragik bestehe doch darin, dass niemand beizeiten auf ihn habe hören wollen.

Unbedingt, sagte der Erste Offizier.

Ob es nicht heiße „Frauen und Kinder zuerst", erkundigte sich der Steuermann. Das gelte, wenn überhaupt, nur für die Passagiere der Dritten Klasse, sagte der Kapitän, und die müssten es ohnehin mit Schwimmen versuchen. Außerdem könne er mit Sicherheit ausschließen, dass es auf dem Schiff einen weiblichen Kapitän gebe. Ach so, sagte der Zweite Offizier, stimmt überhaupt.

Dann bitte hier entlang, sagte der Erste Offizier. Das Orchester spielte bis zum Schluss.

Quotenjournalismus

Wenn ich ehrlich bin, kann ich das derzeitige Gejammere darüber, dass die Journalisten uns aktuell wieder in besonderem Maße vorschreiben wollten, was wir zu denken haben, nicht mehr hören. Wer etwas Geschriebenes liest und daraus grundsätzlich nur abzuleiten vermag, dass der Schreiber ihm wieder einmal allein seine Weltsicht diktieren wolle, sollte zu lesen aufhören. Oder nochmal zu denken beginnen. Kritikfähigkeit in der Rezeption ist immer noch *Aufgabe des Lesers*. Diese Aufgabe ist nicht übertragbar.

Denken wir die Sache weiter. Natürlich erwarte ich von einem Journalisten einen durch Fleiß erworbenen Überblick und Kenntnisstand, Ausgewogenheit im Umgang mit den Fakten, einen moralischen Kompass, charakterliche Eignung, Fairness, Intelligenz, eine ordentliche Prise Humor, einen guten Schreibstil und eine kritische Distanz zu sich selbst – Qualitäten also, die auch von außen erfreulich sicher zu beurteilen sind. Mehr aber erwarte ich nicht. Wie wäre denn ein Journalist beschaffen, der seine Weltsicht *nicht* in seine Texte transportierte? Oder der meint, in jeden zweiten Satz die Banalität einfügen zu müssen, dass der Leser selbstverständlich doch bitte auch anders urteilen dürfe und das selbstverständlich doch bitte auch tun solle, wenn ihm danach ist, und sich bitte, bitte durch das eben Gelesene auf gar keinen Fall von der eigenen Meinung abbringen lassen möge? Der pausenlos um Entschuldigung dafür nachsucht, eine *möglicherweise sehr eigene* Grundüberzeugung zu haben? Oder der sich (noch schlimmer) völlig auf die vermeintlich neutrale Berichterstattung zurückzieht – niemanden störend aber inhaltlich unbefriedigend und bis zum Gähnen langweilig? Pardon – diesen Journalisten brauche ich nicht. Ich brauche journalistische (sprich: fundierte) Meinung, an der ich mich abarbeiten kann. Und je mehr Meinung ich lese, die ich nicht oder nicht so ganz teile, umso größer ist doch die Wahrscheinlichkeit, dass ich mich (noch) nicht ausschließlich in einer dieser vielzitierten – meine eigene Auffassung nur noch bestätigenden – Meinungsblasen bewege.

In der Redaktionskonferenz wird festgestellt, dass für die nächste Ausgabe des Blattes bislang nur negativ bewertende Artikel über Herrn Trump vorliegen. Ja, so geht das nicht! Wer schreibt die positiven Artikel? „Sie sind Freiwilliger", erklärt der Chefredakteur einem Mitarbeiter. Wir brauchen eine Quote im Interesse der Mündigkeit unserer Leser, damit wir ihnen das Gefühl vermitteln, dass man ihnen Raum zum Denken lasse. Soll Pressefreiheit in Zukunft so gehen?

Wenn sich weite Teile unserer nach wie vor freien Presse in ihrer Einschätzung über den amerikanischen Präsidenten (um nur ein Beispiel zu nennen) im Wesentlichen einig sind, könnte das möglicherweise nicht allein an den Medien, sondern vielleicht auch ein wenig an Herrn Trump liegen. Ich persönlich bin übrigens absolut bereit, mich an einem Trump grundsätzlich lobenden Text abzuarbeiten, wenn er journalistische Mindeststandards erfüllt. Es könnte aber sein, dass es einfach nicht möglich ist, einen solchen Text zu schreiben.

Ich habe mir mein Denken seit meinem privaten Zeitalter der Aufklärung noch nicht wieder vorschreiben lassen, behaupte ich ganz optimistisch – eingedenk aller Fallen, die gerade auch in dieser Annahme stecken. Ich fühle mich kritisch genug, Meinung und Wertung als das einzuordnen, was sie sind: als Meinung und Wertung. Ich ärgere mich über manches, na klar, aber bevormundet? Nein, bevormundet fühle ich mich nicht.

Ansprache zur Einführung eines neuen Flugsicherheitskonzeptes

Sehr verehrte Damen und Herren, der Großartigste Präsident hat einmal gesagt, der beste Schutz gegen eine Waffe in der Hand eines Bösen ist eine Waffe in der Hand eines Guten. Dies bewog den Vorstand unserer Luftverkehrsgesellschaft, das Sicherheitskonzept an Bord von Flugzeugen noch einmal gründlich und vorurteilsfrei zu überdenken.

Wir kamen zu dem Schluss, dass es widersinnig und geradezu gefährlich ist, ausgerechnet den Guten – und wir glauben fest an das Gute im Menschen – vor dem Betreten eines Flugzeuges ihre Waffen abzunehmen, um sie damit schutzlos den Waffen der Bösen – und wir glauben fest an das Böse im Menschen – auszuliefern.

Die Guten halten sich naturgemäß, eben weil sie gut sind, an die bestehenden Bestimmungen und die Bösen halten sich naturgemäß, eben weil sie böse sind, nicht daran. Und keine Kontrolle der Welt kann letztlich verhindern, dass es also im Zweifel immer ein Böser sein wird, der eine Waffe an Bord schmuggelt. Und dann sind die Guten wieder einmal wehrlos, meine sehr verehrten Damen und Herren!.

Das bisherige System der Sicherheitskontrollen benachteiligt also systematisch die Guten. Das ist ein unerträglicher Zustand, der endlich geändert werden muss.

Immer wieder weisen Defätisten, Pazifisten, Linksintellektuelle und sonstige Störenfriede in diesem Zusammenhang darauf hin, dass es angeblich schwierig sei, Gute von Bösen zu unterscheiden, nur weil sie selbst ganz offenkundig Schwierigkeiten haben, Gut und Böse zu unterscheiden, und ziehen daraus den unredlichen Schluss, dass es besser wäre, wenn Menschen ganz allgemein keine Waffen zur Verfügung hätten. Wir halten dagegen, dass Waffen legal grundsätzlich *Nur Redlichen Anwärtern* verkauft werden – ein Umstand, den Defätisten, Pazifisten und Linksintellektuelle in ihrer stets besserwisserisch negativen Weltsicht leider nicht wahrhaben wollen.

Sicher – nicht jeder kann den einfachen, klaren und großartigen Blick unseres Großartigsten Präsidenten haben, auf den uns zu beziehen wir eingangs die Ehre hatten, und deshalb wäre es zur besseren Unterscheidung von Guten und Bösen gewiss hilfreich, wenn auf ihren Ausweisdokumenten entsprechend groß gedruckt schon aus einiger Entfernung die Buchstaben G und B – in grün und rot – einwandfrei ablesbar wären. Eine entsprechende Gesetzgebungsmaßnahme würde unser Bemühen um mehr Sicherheit im Luftverkehr kraftvoll unterstützen. Wir wären auch umgehend und ohne Einschränkung bereit, diesen Eintrag ebenso gut sichtbar auf die Bordkarte zu übernehmen.

Schon beim Boarden kann so darauf geachtet werden, dass die Bösen auf die letzten Sitzreihen verwiesen und nach einer entsprechenden Lautsprecherdurchsage auch erst zuletzt ins Flugzeug gelassen werden, damit die Guten sie im Vorbeigehen genau einschätzen können. Die Bösen dürfen auch nur die hinteren Toiletten des Flugzeugs benutzen und haben also künftig keine Ausrede mehr, in die Nähe des Cockpits zu gelangen.

Vorne in der Business-Class gibt es von Natur aus nur Gute. Wer so viel Geld für ein Ticket zahlen kann und zu zahlen bereit ist, kann nicht böse sein. Dies setzen wir als allgemein anerkannt voraus, meine sehr verehrten Damen und Herren. In der Business-Class findet daher jeder Passagier eine handliche, gepflegte Schusswaffe in Reichweite installiert, auch wenn davon auszugehen ist, dass diese Passagiere in ihrer Eigenschaft als besonders gute Menschen ohnehin bewaffnet sind. Es ist dies eine spezielle Service-Leistung unserer Fluggesellschaft in eher symbolischer Anerkennung der großartigen Lebensleistung dieser großartigen Fluggäste, die ihr Vermögen durch großartiges Gutsein erworben haben.

Die übrigen, eher durchschnittlich guten Passagiere erhalten eine Schusswaffe beim Betreten des Flugzeuges ausgehändigt, falls sie unbewaffnet sein sollten, was allerdings bei näherer Betrachtung im Grunde schon wieder Zweifel daran aufkommen ließe, ob sie wirklich zu den Guten zählen. Auch hier würde sich ein entsprechender Aufdruck auf dem Reisepass segensreich auswirken.

Da Kinder in ihrer Unschuld von Natur aus zu den Guten gehören, wenn sie nicht Kinder von Bösen sind, werden sie beim Betreten der Maschine mit einer farbenfrohen, kindgerechten Pistole ausgestattet, falls sie zur Tarnung unbewaffnet an Bord kommen sollten, weil sie z.B. Kinder von Defätisten, Pazifisten, Linksintellektuellen und anderen Störenfrieden sind. Da Defätisten, Pazifisten, Linksintellektuelle und andere Störenfriede hinwiederum zu den Bösen gehören, sind ihre Kinder allerdings auch böse, was sehr gut ihre scheinheilige und heimtückische Nichtbewaffnung erklären würde. Der Vorstand unserer Fluggesellschaft prüft derzeit noch ein gangbares Verfahren für diese Fälle.

Vor dem Start hat sich der Kapitän zu vergewissern, dass sich mehr gute als böse Menschen – oder wenigstens gleich viele – an Bord der Maschine befinden, damit die eingangs erwähnte großartige und klare Überlegung jenes Großartigsten Präsidenten, den zu zitieren wir die Ehre hatten, aufgeht.

Gleichfalls vor dem Start wählen die Guten in geheimer Wahl drei Ober-Gute, die das MG-Nest besetzen, welches künftig vor dem Zugang zum Cockpit installiert sein wird. Sollten sich Militärs, Polizisten oder Feuerwehrleute an Bord befinden, stellen sie automatisch die Ober-Guten, und zwar in dieser Reihenfolge, es sei denn, sie sind – durch ihr Gutsein erschöpft – gerade zu müde zum Gutsein.

Lange haben wir darüber nachgedacht, ob man den Bösen beim Betreten des Flugzeuges ihre Waffen nicht doch besser abnehmen sollte. Dies wäre allerdings eine Fehlinterpretation der großartigen Worte unseres Großartigsten Präsidenten und von daher nur die zweitbeste (wenn überhaupt eine) Lösung, da der beste Schutz gegen die Waffe eines Bösen ja die Waffe eines Guten ist und nicht etwa die *Ent*waffnung eines Bösen. Wichtig ist nur, dass das 1:1-Verhältnis zwischen Guten und Bösen an Bord in etwa eingehalten wird. Dann kann gar nichts passieren.

Sehr verehrte Damen und Herren, die in sich geschlossene, großartige Logik unseres neuen Sicherheitskonzeptes wurde uns gerade vom Großartigsten Präsidenten auf Twitter bestätigt. Ginge es nach ihm, könnte dieses großartige Konzept sofort umgesetzt werden, und zwar unserer bescheidenen Meinung nach nicht nur in Flugzeugen, sondern auch auf Schiffen, in Bussen und Bahnen, an Schulen und Universitäten, in Krankenhäusern, öffentlichen Verwaltungen usw. – um nur ein paar Beispiele zu nennen, an die der Großartigste Präsident vielleicht noch gar nicht gedacht hat, denn auch der Großartigste Präsident kann in seiner unbestreitbaren Großartigkeit nicht an alles denken. Das macht ihn so menschlich.

Die nationale Sicherheit würde aufgrund dieser Maßnahmen ebenso sprunghaft ansteigen wie der Umsatz der Waffenindustrie. Leider ist damit zu rechnen, dass sich bestimmte Kongressabgeordnete, Senatoren, Gerichte und untergeordnete Behörden diesen fortschrittlichen Regelungen eine Zeit lang widersetzen werden. Aber diese vermutlich allesamt scheinheilig und heimtückisch Unbewaffneten werden sich schon noch wundern, wenn sie das rote B auf ihren Pass aufgedruckt bekommen, nachdem das Gute endlich auf die absolut großartigste Weise gesiegt hat.

Lügenmehrheit (1)

Gerne würde ich denen, die auf der Straße „Lügenpresse!" schreien, aus meiner Schulzeit erzählen. Wir steckten schon tief in den Sechzigern, als ein junger Lehrer in meiner Klasse den Unterricht für das Fach Gemeinschaftskunde übernahm. Er trug mit Vorliebe eine zu große Strickjacke mit aufgenähten Ellbogenschonern, die Haare einen Tick zu lang und einen Hauch zu wild. Er war gewiss ein Vorbote der 68er-Bewegung (von der ich noch keinen Schimmer hatte) und wohl so etwas wie ein Agent Provocateur an meiner Jesuitenschule. Was ihn dorthin verschlagen hatte, weiß ich nicht; ich weiß nur, dass es auf Dauer nicht gut ging.

Ich kann mich noch gut erinnern. Der Bau der Berliner Mauer und die Spiegelaffäre hatten die Republik gerade erst auf ganz unterschiedliche Weise erschüttert. Das erste Mal in meinem Leben hörte ich kritische Sätze über Konrad Adenauer, sein mangelndes Demokratieverständnis und seinen bremsenden Einfluss auf die intellektuelle Entwicklung der jungen Bundesrepublik. Das war mir – in meinem damaligen frommen und engen Umfeld – geradezu ungeheuerlich.

Aber ich lernte. Ich lernte im besten Kant'schen Sinne den Mut, mich meines eigenen Verstandes zu bedienen.

Unser neuer Gemeinschaftskundelehrer stellte keine Fragen wie: „Wann und womit endete der Dreißigjährige Krieg?" Er fragte: „Warum ist es Unfug zu fordern, dass nur die Informierten das Wahlrecht erhalten, Joachim?" Und Joachim geriet in Verlegenheit. Es hätte genauso gut mich treffen können. In der Klasse wurde es peinlich still. „Ich habe Zeit", sagte der Lehrer und blickte Joachim unverwandt und streng an. Das Schweigen dauerte zwei, drei Minuten, eine Ewigkeit also. „...weil, also, äh, wer soll das denn entscheiden, ob man gut genug informiert ist?", kam dann endlich die erlösende Antwort. „Sehen Sie?", sagte unser Lehrer nur. „Man kann *ganz von allein* drauf kommen."

Ich wurde kritisch und – naja – verhalten links. Und ich habe in diesen fernen Schultagen meine Lektion über die Pressefreiheit gelernt. Ich habe gelernt, dass ihre unbestreitbar hässlichen Auswüchse das kleinere Übel sind im Vergleich zur Beschneidung des hohen Guts der Meinungsfreiheit. Das gilt im Übrigen auch für die Schreihälse auf der Straße.

„Können Sie Nachrichten trauen?", wäre eine andere dieser Fragen gewesen, die mein Lehrer gestellt hätte. Ich denke nach und antworte mit Verspätung: „Niemals blind und niemals ganz. Allenfalls *mehr oder weniger*, durchaus auch gar nicht." „Und wie entscheiden Sie das? Warten Sie mit Ihrer Antwort. Ich habe Zeit..."

Ich habe mich schließlich nach langem Überlegen entschieden, dem freien, dem professionellen Journalismus einen gewissen Vertrauensvorschuss einzuräumen. Es gibt viele Wenn und Aber. Aber es gibt einen für mich sehr einleuchtenden Grund: Totalitäre Systeme bekämpfen den freien Journalismus (wie auch alle Intellektualität) bis aufs Messer. Sie werden wissen, warum.

Natürlich kann ich auch meine Litanei aus der Schulzeit herunterbeten, die ohnehin niemanden überzeugt, der nicht überzeugt sein will: Der Journalist hat sein Handwerk gelernt. Er kennt im Zweifel die Distanz zu sich selbst; er weiß, dass er sich (wie Hans-Joachim Friedrichs es formuliert hat) mit einer Sache – und sei es einer guten – niemals gemein machen darf. Dann wären da noch die Pressegesetze und die ganz erhebliche Furcht aller seriösen Medien vor der peinlich entlarvten Falschmeldung. Und besonders wichtig: Es gibt hierzulande eine Vielzahl von Medien mit sehr unterschiedlicher Ausrichtung, die einigermaßen erkennbar nicht gleichgeschaltet sind. Die stehen im Wettstreit; die passen aufeinander auf. Wer das bestreitet, bekommt noch etwas Zeit zum Nachdenken.

Gewiss – auch ich beobachte die zunehmende Pressekonzentration hierzulande skeptisch. Und unter Pressevielfalt verstehe ich selbstverständlich nicht die schrille und doch gleichgerichtete Buntheit des Klatsch-Boulevard, der *wahren* Lügenpresse, die Neugierde und Vorurteil mit oft belanglosen oder gar vorauserfundenen und herbeigewünschten „Nachrichten" aus der Welt der Royals und des Glamours bedient. Aber auch in der heutigen Welt weniger, den Markt beherrschender Medienkonzerne gibt es sie weiterhin in Deutschland, die Flaggschiffe des freien Journalismus, und eben hier wirken die Großen ihres Fachs, die klugen Analytiker und Vordenker, die im Zweifel lieber ihren Hut nehmen würden als ihn zu ziehen. Zum Glück sehe ich genau nicht, dass sie reihenweise ihren Hut nehmen müssten oder – in manch anderem Land ja gängige Praxis – inhaftiert oder gar ermordet würden, was für mich den – je nach Sichtweise vielleicht naiv zu nennenden – Schluss zulässt, dass unsere Presse- und Meinungsfreiheit in der Praxis und im Wesentlichen trotz aller Bedenken funktioniert. Man darf das im Übrigen hin und wieder auch einmal als nicht unbedingt selbstverständlich und deshalb mit einer gewissen Dankbarkeit zur Kenntnis nehmen.

Völlig unverzichtbar ist der Beitrag des professionellen Journalismus zur Aufdeckung von Filz, Korruption, Machenschaften und krimineller Energie in Wirtschaft und Politik, in Kriegen und bei Kriegsverbrechen. Da muss ich nicht lange überlegen: Wer sonst könnte diese Arbeit tun? Google? Twitter? Facebook? Soziale Netzwerke sind – trotz einer beängstigenden Hass"kultur", die sich in ihnen breit macht – hilfreich in vielerlei Hinsicht und oft die einzige Möglichkeit, den Notschrei der Entrechteten hörbar zu machen, Hilfe und Proteste zu organisieren, können aber die Recherche nicht ersetzen, die sich teils über Jahre hinzieht. Diese Form des Journalismus verlangt höchste Qualität und – Mut. Sie wird umso gefährlicher, je totalitärer die Strukturen sind, in die man vordringt. Hut ab!

Den geringeren Vertrauensvorschuss haben bei mir die Überbringer von Nachrichten und die Verfasser von Kommentaren, denen es in erster Linie und spürbar wenig reflektiert um die eigene Befindlichkeit und den eigenen Unmut geht. Die es mit dem Nachdenken nicht übertreiben. Die sich mit einer Sache sehr wohl gemein machen. Die einen Eigennutz verfolgen. Die den politischen Diskurs sehr einseitig betreiben. Und schon gar nicht traue ich in Sachen Wahrheitsfindung dem Typus des Fanatikers oder des Agitatoren. Menschen also, die die kritische Distanz zu sich selbst nicht kennen oder sie günstigstenfalls für Schwäche halten.

In solchem Umfeld haben dann auch Verschwörungs-„theorien" Konjunktur. Sie sind dem einseitigen, voreingenommenen Diskurs auffallend wesensverwandt und werden, übrigens völlig zu Unrecht, mit dem wissenschaftlich definierten Begriff der „Theorie" als einem festen, durch Denk(!)arbeit entstandenen Lehrgebäude etikettiert – dabei sind es lapidare „Verschwörungs-Vermutungs-Wünsche", genährt von der Hoffnung, diese leider sehr komplexe Welt ließe sich durch die richtigen Feindbilder genial einfach erklären. (Selbst-)kritische Recherche überflüssig. Auf Beifall darf aber auch hoffen, wer die undurchsichtigen Umtriebe weltweit agierender Geheimbünde bis tief ins Mittelalter zurückverfolgen kann, die Fernsteuerung durch glotzäugige Außerirdische mit Kryptonit-Lasern nicht völlig ausgeschlossen. Auch die Inanspruchnahme der Vorsehung ist in diesem Zusammenhang hilfreich, weil das den Zugriff auf Unfehlbarkeit sichert. Professioneller Journalismus, der auf diesen Feldern bekanntlich wenig zu bieten hat, gerät hier deutlich ins Hintertreffen.

„Was diskreditiert den einseitigen, voreingenommenen politischen Diskurs?", höre ich meinen Lehrer fragen. Tja, sage ich und überlege. Vielleicht, dass er Mühe hat, den Ansprüchen an denkerische Mindeststandards gerecht zu werden? Dass unerwünschte Aspekte mit umso größerer Zuverlässigkeit ausgeblendet werden, je unerwünschter sie sind? Weil er der eifrigen Überzeugung Raum gibt, etwas habe so zu sein, wie man es sich wünscht und vorstellt, und nicht anders? Weil wohldosiert nur solche Fakten ausgesucht und zurechtgebogen werden, bei denen Verlass darauf ist, dass sie Wohlgefühl bei Gleichgesinnten erzeugen?

Natürlich – der Einwand ist berechtigt – können genau solche Mechanismen auch bei den seriösen Medien greifen. Das Debakel um die gefälschten Hitler-Tagebücher ist ja nur *ein* Beispiel. Man bedenke aber den öffentlichen Absturz danach. Die Chance, dass professionelle Kritikfähigkeit in den Redaktionen irgendwann wieder die Oberhand gewinnt, weil sie zur beruflichen Grundausstattung gehört (hat), ist – im Gegensatz zu den Verschwörungstheoretikern – immerhin gegeben. Außerdem: Es wird auf einander aufgepasst. Siehe oben.

Kehren wir zum Ausgangspunkt zurück. Wie ist das nun mit der Lügenpresse? Nun ja – die Falschmeldung oder gar Lüge in jedem Einzelfall ausschließen zu wollen, wäre naiv, keine Frage. Aber allen Presseorganen dieses Landes schreiend zu unterstellen, sie würden freiwillig im Gleichschritt lügen, wenn's drauf ankommt... das grenzt doch wohl an geistige Selbstentmündigung.

Wo immer AfD-Vertreter in Talkshows zu dem Kampfbegriff „Lügenpresse" Stellung nehmen, kommt dann auch sehr schnell die (mich im Prinzip beruhigende) Feststellung, dass sie durchaus nicht von einer hierzulande gleichgeschalteten Presse- und Medienlandschaft ausgehen und das Wort von der „Lügenpresse" nur als eine verkürzende, wenn auch verständliche verbale Zuspitzung ansehen, von der man sich nicht ausdrücklich distanzieren muss. Argumentativ ist das schlau. Vielmehr machen sie eine übergreifende Linkslastigkeit der Medien aus, in der irgendwelche Alt-68er-Chefredaktionen (die in ihrer großen Mehrzahl ohnehin längst im Ruhestand wären) den Ton angeben und sich sowohl in vorauseilendem Gehorsam (gegenüber wem auch immer) als auch in der intellektuellen Verachtung des gesunden Volksempfindens üben. Da haben wir es: eine Verschwörung (!), wenn auch nur eine kleine, da sie nicht ganz bis ins Mittelalter, sondern gerade mal ein halbes Jahrhundert zurückreicht. Nun gut – jede Verschwörungs"theorie" hat mal klein angefangen.

Natürlich könnte man den Redakteuren dieser lästigen Presseorgane auch einfach nur zubilligen, ihre eigene, zwar leider betrübliche, aber prinzipiell doch erlaubte Meinung zu haben und diese in Kommentaren und Berichten zu verbreiten. Ich fühle mich da durchaus nicht entmündigt, weil ich dem meinen kritischen Verstand entgegenstellen kann – und muss. Vielleicht sehe ich das aber nur deshalb so entspannt, weil ich ja selbst altersmäßig dieser 68er-Generation angehöre und zudem gerne an meinen Gemeinschaftskundelehrer zurückdenke. So gesehen schließt sich auch hier für die AfD der Kreis: Auch ich bin ja nur ein Opfer dieser vaterlandslosen Gesellen. Trotzdem denke ich in Sachen medialer Ausgewogenheit: Solange ausreichend Kommentare im Umlauf sind, die mich persönlich ärgern, sollte doch insgesamt alles im Lot sein – was mich übrigens in genau diesem speziellen Aspekt von Despoten und solchen, die es werden wollen, unterscheidet. Nun ja – man wirft mir immer wieder mal Naivität vor.

Jede Kommentierung hat, im Gegensatz zur Nachricht, keinen Anspruch auf „Wahrheit" zu erfüllen. Sie kann gar nicht „wahr" sein, denn objektive Wahrheit ist nicht ihre Kategorie. Sie kann nur – durch hoffentlich korrekte Fakten, Menschenkenntnis, einen moralischen Kompass und individuelle Grundhaltungen genährt – Überzeugungen widerspiegeln, die selbstverständlich subjektiv bleiben müssen. Deswegen kann man Meinungen ja auch – mal salopp gesagt – so schlecht verbieten in einer freiheitlichen Demokratie. Ich bin zum Glück nicht der einzige, der das für ein Glück hält.

Ob es die reine, die unbewertete, die „pure" Nachricht überhaupt geben kann, bleibt eine interessante Frage. Ich halte dies bis zu einem gewissen Grade für eine Fiktion. Dass im Journalismus räumlich sauber zwischen Nachricht und Bewertung getrennt werden müsse, wird oft behauptet und verlangt; es ist aber eine praxisuntaugliche Schimäre. Vollkommen selbstverständlich dürfen Nachrichten nicht erfunden oder ungeprüft verbreitet werden – im Übrigen offenbar die besondere Domäne mancher, die ansonsten gerne über die „Lügenpresse" schwadronieren. Aber schon die Auswahl der Nachricht durch eine Redaktion ist ja zugleich ihre Bewertung. Und: Nachrichten bedürfen der Einordnung. Der Leser kann diese Einordnung oft nur schwer selbst vornehmen. Dazu ist das Geschehen meist zu komplex. Also ist der Leser auf die professionelle Einordnung angewiesen, an der er sich kritisch abzuarbeiten hat. Die kritische Rezeption ist und bleibt *nicht übertragbare* Aufgabe des Lesers.

Zum Glück ist die Nachricht von der Bewertung schon inhaltlich gut zu trennen, auch wenn beide in *einem* Text daherkommen, und die Einschätzung, wie differenziert und glaubwürdig die Einordnung einer Nachricht dargeboten wird, ist gar nicht so schwierig: Wieviel Abstand wahrt der Journalist zur Sache? Wieviel Pro und Kontra wird beleuchtet? Wie wenig ereifert sich der Schreiber? Wie sehr macht er sich lustig? Wie herablassend schreibt er? Welche Distanz wird gewahrt? Viel schwieriger wenn nicht unmöglich ist es hingegen, den *Wahrheitsgehalt einer Nachricht* zu prüfen. Gegen eine fragwürdige Meinung bin ich kraft meines gesunden Menschenverstandes deutlich besser gewappnet als gegen eine falsche oder gezielt halbwahre Nachricht. Nicht von der scheinbar manipulierenden Meinung eines Journalisten geht die größere Gefahr aus, sondern von der manipulierten Nachricht.

Ganz persönlich gebe ich zu Protokoll, dass ich mich mit der „reinen" Nachricht oft unwohl fühlen würde, besonders wenn sie mich betroffen macht. Sofort verlange ich nach Hintergrundinformationen, nach einer Einordnung, einer Bewertung, gerne auch nach einer Meinung (es muss ja gar nicht die meine sein) – und sei es nur, dass ich mich nicht alleingelassen fühle. Ich will wissen, wie andere – vorzugsweise von Berufs wegen Besserinformierte – über den gleichen Sachverhalt denken und welche Argumente sie hierfür vortragen. Das halte ich für recht menschlich. Natürlich kann dies sehr wohl ein Einfallstor für Manipulation sein, wenn der Leser nicht seinen Teil beisteuert: das kritische Lesen. Aber das hatten wir schon.

Deutschlands Medien müssen sich auf einem freien Markt behaupten und stellen dadurch, dass sie gekauft und gelesen werden, unter Beweis, dass sie durchaus und sehr umfassend Meinungen, Haltungen, Erwartungen und Gefühle der deutschen Bevölkerung spiegeln (was mich beim Gedanken an die Regenbogenpresse durchaus auch schmerzt). Die Presselandschaft ist trotz aller Konzentration

weiterhin breit gefächert und vermutlich politisch genauso unterschiedlich ausgerichtet, wie die Menschen selbst
es eben sind. Auch darauf kann man durch Nachdenken
kommen.

Der Streit um die Ausgewogenheit der Medien ist oft
Gezeter, sicher auch notwendiges Gezeter. Ausgewogenheit
(und man denkt erneut nach und muss fragen: Wer will
sie wie definieren?) kann man nicht vorschreiben oder
erzwingen – sie kann sich nur auf einem freien Nachrichten-
und Meinungsmarkt immer wieder selbst austarieren.
Marktgeschrei gehört dazu und sollte uns nicht irritieren.
Es sieht nach meinem Dafürhalten im Übrigen sehr danach
aus, als betrachte eine überwiegende Mehrheit hierzulande
kulturelle Vielfalt und Weltoffenheit eher als einen Gewinn
denn als eine Gefahr. Und das bildet die deutsche Medienlandschaft vielleicht genauer ab, als es manchem lieb ist.

Mir will nicht aus dem Kopf, was wäre, beruhte
die Wunschvorstellung von dieser stillen, heimlichen und
machtvollen „Wir-sind-das-Volk"-Bewegung auf einem
Trugschluss: Was wäre, wenn das Volk – ganz unvolksam
gewissermaßen – in weiten Teilen gar nicht so „völkisch"
empfände, wie man von ihm zu wissen glaubt? Für unkon-
ventionelle Familienmodelle nicht nur offen, sondern sie
längst ganz selbstverständlich praktizierend? Gar nicht so
misogyn, antifeministisch und homophob wie erhofft? Gar
nicht so fremdenfeindlich wie erwünscht? Was soll denn
dann mit diesem „Sorry-wir-sind-wohl-leider-doch-ein-an-
deres-Volk" geschehen? Welches Konzept habt ihr? Träumt
da mancher am Ende gar von staatlicher Umerziehung, einer
Zwangs-Rückvolkung gewissermaßen, weil Minderheiten

bekanntlich immer besonders gut wissen, was besser für die Mehrheit ist?

So spricht für mich einiges dafür, dass der Kampfbegriff von der „Lügenpresse" nicht stichhaltiger ist als es der Kampfbegriff einer „Lügenmehrheit" wäre. Dem vorwurfsvollen Hinweis: „Das wird man ja wohl noch brüllen dürfen!" kann ich mich im Hinblick auf die Meinungsfreiheit auch derer, die sie bekämpfen, nur schwer entziehen. Trotzdem erheitert mich die Vorstellung, dass Menschen demonstrierend durch unsere Straßen laufen und „Lügenmehrheit" rufen, nur anfänglich.

Ich mag mir ungern ausmalen, welche Art der Medienlandschaft uns umgäbe, könnten extreme politische Kräfte – egal, aus welchem Lager übrigens – bestimmen, was das Volk in freier Selbstbestimmung zu denken und zu empfinden habe. Und noch weniger mag ich mir ausmalen, was außerdem geschehen wird, kämen die *Schreihälse* an die Macht. Wer Meinungsfreiheit mit Niederbrüllen verwechselt, schnüffelt auch gern nach der rechten Gesinnung. Da kann man von ganz allein drauf kommen.

Lügenmehrheit (2)

Der gesunde Menschenverstand, auf dessen Gesundheit leider auch nicht immer hinreichend Verlass ist, stand mir eigentlich stets näher als das schon überwunden geglaubte „gesunde Volksempfinden", das sich zwischenzeitlich wieder gerne auf Plätzen versammelt und dabei *sehr gesund* und *sehr laut* werden kann. Laute Menschen waren mir immer unheimlich. Ich kann mir nur ganz schlecht vorstellen, dass jemand, der sich voll Inbrunst die Seele aus dem Leib brüllt, dabei mit irgendeiner Form des Nachdenkens beschäftigt sein könnte. Man muss wohl zwischen zwei Arten der Anstrengung wählen: der des Schreiens oder der des Denkens.

Also brülle ich einfach mal mit: „Volks-ver-rä-ter! Lü-gen-pres-se! Lü-gen-pres-se! Volks-ver-rä-ter!" Ist mir jetzt wohler? Ich weiß nicht so recht. Ich bin zum Brüllen nicht begabt. Vielleicht ist das Problem, dass ich sozial nicht *abgehängt* bin und daher auch nicht wirklich das Gefühl habe, es könne mir besser gehen, wenn irgendjemand von denen da oben *aufgehängt* würde. Stattdessen gehen mir sofort, wenn Stille eintritt, wieder diese Fragen durch den Kopf: Was ist das Volk? Kann mir jemand verraten, wie man es verrät? Kann eine Presse lügen?

Da ich, wie jeder Mensch, mit den alltäglichen kleinen Lügen weitaus besser vertraut bin als mit dem allzu
umfassenden Anspruch des Verrats ganzer Völker, setze ich
doch hier mal an. Einen kurzen Geistesblitz lang geht mir
durch den Kopf, dass ja nicht nur die Presse lügt, sondern
auch das Buch schlechthin, wenn es nicht gerade in Lands-
berger Festungshaft geschrieben wurde. Alles frei erfunden!
Lügen-Schiller! Lügen-Goethe! Pippi Langstrumpf war *nie*
in Taka-Tuka-Land! Nicht zu vergessen Hermann Hesses
hellsichtige Goebbels-Biografie „Nazi mit Goldmund" –
schlicht erlogen! Doch auch dieser Ansatz bringt mich nicht
weiter. Eine Sackgasse, ganz offensichtlich.

Darum frage ich erneut: Was ist das Volk? Hier muss
ich neidvoll anerkennen, dass gesunde Volksempfinder
sich mit dieser Frage beneidenswert leichter tun als ich.
Und spätestens, wenn man um die zehn Prozent der Wahl-
berechtigten hinter sich glaubt, lautet die Antwort: *Wir*
sind das Volk. Genau. Die Prozehnt-Rechnung kennen wir
schließlich noch aus der Schule. Die neunzig Prozent „Wir-
sind-noch-nicht-das-Volk" sind einstweilen ein Ärgernis,
das zudem aller geschichtlichen Erfahrung nach in ganz
freien Wahlen allenfalls zu lindern, aber nicht restlos zu
beseitigen sein wird. Da ist Kreativität gefragt.

Ich könnte Vordenker einer neuen Bewegung werden.
Ich bin vom Brüllen freigestellt, der Rest vom Denken, eine
gute Aufgabenteilung. Ein Einzug in den Bundestag käme
mir sehr gelegen. Man wird erstens: wichtig, zweitens:
berühmt und vielleicht zum Dritten: reich. Natürlich muss
ich auch liefern. Meine Denkansätze – in aller Bescheidenheit sei dies vermerkt – sind von bemerkenswerter Klarheit. Wenn ich mir (in Übereinstimmung mit dem Grund-

gesetz; darauf lege ich Wert!) in freier Selbstbestimmung ein Volk erschaffe, kann ich es schwerlich verraten. Ich finde diesen Gedanken einfach genial. Das Ganze würze ich noch zur vertieften Pflege eines Feindbildes mit einer „Ich-wünsch-mir-eine-Verschwörung"stheorie. Das wird der leichteste Teil. Zur Zeit bietet sich der Klimawandel an, den es nicht gibt. Flüchtlinge sowieso. Aber ich bin da sehr flexibel.

Den gedanklichen Durchbruch erziele ich mit der Überlegung, dass die Sache mit der Lügenpresse die Problematik ja nur zum Teil trifft. Es ist zu kurz gedacht. Es ist *das Volk selbst*, das sich verrät! Wir haben es in erschreckender Weise mit einer ausgewachsenen *Lügenmehrheit* zu tun! Mit Menschen, die vollkommen die Orientierung verloren haben – wegen eines unerträglich linksversifften Zeitgeistes.

Lügenmehrheit! Lügenmehrheit! Jawohl! So muss es heißen! Nun habt ihr's verstanden! Und das brüllt ihr jetzt so laut und so lange, bis es jeder verstanden hat und aus der Lügenmehrheit eine Minderheit geworden ist. Und aus der völkischen Minderheit endlich wieder eine völkische Mehrheit. Aber brüllt bitte ohne mich. Ich habe meinen Teil als Vordenker schließlich getan. Außerdem werde ich so schnell heiser.

Dummheit, allgemein

Der Versuch, sich dem Begriff der Dummheit zu nähern, ist heikel. Ganz allgemein gesprochen bezweifelt ja niemand ernsthaft, dass es sie gibt, die Dummheit, ganz im Gegenteil (!), aber in jedem speziellen Fall begibt man sich auf dünnes Eis, da man sie deutlich lieber und genauer bei anderen wahrnimmt als bei sich selbst nachzuforschen. Da werde ich auch mit diesem Text keine Ausnahme schaffen.

Die berühmten Kästner-Zitate: „Vernunft muss sich jeder selbst erwerben, nur die Dummheit pflanzt sich gratis fort" und: „Die Dummheiten wechseln, aber die Dummheit bleibt" könnte und würde letztlich wohl jeder unterschreiben, was ihre Qualität insoweit nicht mindert, da man wissen kann und wissen sollte, unter welchen Zeitumständen sie entstanden sind. Sehr gut gefallen hat mir auch eine Werbekampagne des deutschen Buchhandels, die, graphisch an die Warnhinweise auf Zigarettenpackungen angelehnt, verkündete: „Lesen gefährdet die Dummheit". Und natürlich macht auch das Einstein – wohl fälschlich – zugeschriebene Zitat klammheimliche Freude: „Zwei Dinge sind unendlich, das Universum und die menschliche

Dummheit. Aber beim Universum bin ich mir noch nicht ganz sicher."

Allein – das alles hilft nicht wirklich weiter. Dumm ist immer der andere, was im Einzelfall zu glauben vielleicht nicht grundsätzlich unberechtigt, aber doch wiederum auch überheblich ist. Deutlich präziser ist da ein Vordenker wie Kant. Er verwendet den eher verschwommenen Begriff der Dummheit in seiner Definition der Aufklärung gar nicht: „Aufklärung ist der Ausgang des Menschen aus seiner selbstverschuldeten Unmündigkeit. Unmündigkeit ist das Unvermögen, sich seines Verstandes ohne eines anderen zu bedienen. Selbstverschuldet ist diese Unmündigkeit, wenn die Ursache derselben nicht am Mangel des Verstandes, sondern der Entschließung und des Mutes liegt, sich seiner ohne Anleitung eines anderen zu bedienen. Sapere aude! Habe den Mut, dich deines eigenen Verstandes zu bedienen! ist also der Wahlspruch der Aufklärung."

Wirkliche Dummheit unterstellt Kant nur einer (vermutlich kleinen) Minderheit – der es (aus welchen Gründen auch immer) de facto am Verstand mangelt. Der großen Mehrheit mangelt es nicht am Verstande, sondern an der Bereitschaft und dem Mut, diesen eigenständig zu gebrauchen. Dann wäre Dummheit also eher so etwas wie eine aus Feigheit gegenüber jeder Form der Selbstverunsicherung geborene Denkfaulheit. Ergo: Der Mensch ist nicht dumm, sondern (nur?!) bequem und mutlos im Denken. Er will sich nicht ohne Not aus dem Paradies der einfachen Wahrheiten vertrieben wissen.

So erfrischend Bonmots über das Thema Dummheit sein mögen – die gedankliche Schärfe eines Philosophen wie Kant ist schon deshalb so umwerfend, weil sie wirklich ein Stück weiterhilft. Die Dummheit erscheint als Unmündigkeit in einem anderen Licht und wird damit prinzipiell überwindbar. Das lässt hoffen, wenn auch nur eingeschränkt. Und wenn Denkfaulheit am Ende nur die Angst davor ist, sich selbst infrage zu stellen, dann muss ich ehrlicherweise zugeben, dass das Niemandsland der Selbstzweifel in der Tat nicht gerade den angenehmsten Aufenthaltsort darstellt. In diese unwirtlichen Gegenden verirren sich z.B. Führungspersönlichkeiten aus Politik und Wirtschaft ausgesprochen selten und wenn sie es heimlich und versehentlich doch einmal getan haben, fühlen sie sich in besonderem Maße verpflichtet, diese Verirrung lautstark vor sich und anderen zu bestreiten. Noch schlimmer dran sind jene Führungskräfte, die in ihrem tiefsten Inneren in Wahrheit sehr verletzlich sind, aber fest glauben, dies nicht offen zugeben zu dürfen, ohne ihrer Autorität und Karriere zu schaden.

Für mich – so habe ich entschieden – ist Dummheit allerdings noch mehr als die wie auch immer begründete Weigerung, vertieft nachzudenken. Es scheint mir zudem ein freiwilliger, geradezu vorsätzlicher Verzicht auf Herzenswärme, Güte, Einfühlungsvermögen, Solidarität, Toleranz, Umsicht und Rücksicht damit verbunden zu sein. Könnte man dies soziale Dummheit nennen? Dummheit, Ichsucht und Blindheit im Umgang miteinander liegen ja eng beieinander, wie ich finde. Oder sind sie gar eins? Politisch-völkischer Nationalismus begibt sich aus den gleichen Gründen in die große Gefahr, Dummheit auf staatlicher Ebene zu sein. Gutes bewirkt hat er selten bis nie, war aber stets groß darin, Katastrophen auszulösen. Den Irrsinn des Ersten Weltkrieges z.B. erhellt sehr eindrucksvoll die Tatsache, dass bereits Ende 1916, spätestens aber Anfang

1917 nachweislich feststand: Dieser Krieg mit Millionen grausam hingeschlachteter Soldaten würde den österreichischen Thronfolger trotz allem nicht wieder ins Leben zurückholen können.

Otto Normalverbraucher, der „einfache" Mitbürger, ist nicht dumm. Allerdings tendiert er in gewissem Umfange dazu, den Anstrengungen kultureller Bildung auszuweichen. Künstlerische Avantgarde ist ihm (nicht völlig zu Unrecht) verdächtig – ebenso wie alle Intellektualität, die er gerne (auch dies nicht völlig zu Unrecht) als lebensfremd bis feindlich wahrnimmt. Soweit könnte ja noch alles gut sein, wenn man sich denn gegenseitig in einer Art gequält wohlwollender Distanz in Ruhe ließe, was aber der eine nicht will und der andere nicht kann. Kunst und Intellekt neigen zu hilflos-unverschämter Herausforderung und keineswegs nachgefragter Infragestellung – die sogenannten bildungsferneren Schichten beantworten diese Provokation gerne mit Unverständnis, ebenso hilfloser Wut und sich anstauendem Hass, der sich zyklisch auch in pogromartiger Stimmung entladen kann, an der sich dann gerne totalitäres Politikverständnis nährt, indem es diese Stimmung populistisch anheizt. Niemand lässt sich den bequemen Sessel der Ignoranz oder Arroganz gern oder gar freiwillig unter dem Hintern wegziehen. Das gilt wechselseitig, wobei sich das Biedere scheinbar mehr zur Ignoranz, der Intellekt eher zur Arroganz hingezogen fühlt. In Wahrheit aber beherrschen beide Seiten eine gute Durchmischung der Anteile.

„Feindschaft will ich setzen zwischen dir und dem Weibe", sprach Gott zur Schlange. „Feindschaft will ich setzen zwischen aller Intellektualität und der selbstverschuldeten

Unmündigkeit", hätte er genauso sagen können, wenn er Kant schon gekannt hätte, was ihm in seiner Allmacht eigentlich nicht hätte schwerfallen dürfen. Und schon bekäme die Prophezeiung, dass das Weib der Schlange den Kopf zertreten werde, ganz neue Sprengkraft. Nein, nein, ich will damit um Himmels willen nicht sagen, dass Unmündigkeit typisch weiblich sei. Das gesunde Volksempfinden (das weder gesund noch empfindsam ist, dafür *sehr* empfindlich und *sehr* völkisch) schwadroniert mindestens ebenso gut – wenn nicht besser – in Männerhirnen. Die Sache mit Eva und der Schlange war wohl nur wieder so ein Einfall, auf den verzichtet zu haben ich nicht charakterfest genug bin, ohne die Auswirkungen zu bedenken. Vergessen Sie's.

Aber die Feindschaft bleibt. Sie mögen sich nicht, die mehr Gebildeten und die weniger Gebildeten, und bleiben doch aufeinander angewiesen. Ich wüsste nicht, wie man hier vermitteln könnte. Die Intellektualität und Avantgarde provozieren mindestens ebenso unverschämt wie die eigenen, frech vor sich hin pubertierenden Kinder, mit denen Herr Biedermann leider auch nur schlecht umgehen kann, weil sie an seinem Selbstverständnis nagen. Gerne würde ich vermitteln, fühle ich mich doch irgendwie zwischen den Fronten stehend. Aber das gelingt mir nicht, da ich im Zweifel wechselseitig dem jeweils gegnerischen Lager zugerechnet werde.

Es ist schwer auszusprechen, ohne jemandem wehzutun, aber der unterschwellige, immer wieder auch offen ausbrechende Kampf zwischen jeder Form der Nachdenklichkeit und dem Nicht-Nachdenken-Wollen wird andauern. Es ist vielleicht wirklich eine immerwährende, von gegenseitigem Misstrauen geprägte Auseinandersetzung zwischen aller Intellektualität und dem gerade erwähnten „gesunden Volksempfinden", das sich – da erblich belastet – gerne als „gesunder Menschenverstand" tarnt, ohne es im Entferntesten zu sein. Dabei brauchen wir die klugen Köpfe, die geistigen Eliten. Sie sind ebenso wenig fehlerfrei wie Otto Normalverbraucher, aber sie treiben uns an. Wenn sie von Staats wegen gejagt werden, ist es regelmäßig zu spät.

Ich habe keinen wirklichen Rat (eine etwas überhebliche Feststellung, gewiss: Ich wurde ja auch nie darum gebeten). Die Dummheit bleibt, sagte Kästner. Er wird leider wohl recht behalten. Arroganz, Ignoranz, Intoleranz und geistige Bequemlichkeit genießen gleichfalls hohen Bestandsschutz. Der Mensch bleibt wie er ist – auch die Aufklärung hat hieran nicht sehr viel zu ändern vermocht. Die selbstverschuldete Unmündigkeit ist nicht nur selbstverschuldet – sie ist auch entschieden selbstgewollt.

Tipps zur Steigerung des Energieumsatzes

„Wissen Amerikaner nicht, wie man Licht ausmacht?", fragte mich eine Kollegin, die gerade Besuch aus den Vereinigten Staaten hatte. Sie war irritiert und suchte meinen Rat, weil sie wusste, dass ich mit einer US-Amerikanerin verheiratet war und zwei deutsch-amerikanische Kinder habe. „Absolut nicht!", tröstete ich meine Kollegin teilnahmsvoll. „Die Fähigkeit, Licht auszuschalten, ist ihnen sowohl psychisch als auch physisch verwehrt. Das ist genetisch verankert."

Ich will mich nicht darüber erheben. Unser ökologischer Fußabdruck, also die Frage, wieviele Erden man benötigte, würden alle Menschen dieser Welt den Anspruch auf gleichen Lebensstandard und Ressourcenausbeutung erheben wollen wie wir, ist ja auch in Mitteleuropa nicht gerade bescheiden. Die US-Amerikaner aber verdoppeln selbst diesen schon bedenklich großen Fußabdruck locker. Sie beanspruchen im Schnitt um die fünf Erden für sich, wenn ich mir die Zahl richtig gemerkt habe.

Das schafft man natürlich nicht allein damit, dass man das Lichtausschalten vergisst, wenn man einen Raum für einen gewissen, vernachlässigbar kurzen Zeitraum verlässt, z.B., weil man in den Urlaub fährt. Da muss man sich schon etwas mehr Mühe geben. Computer und Fernseher laufen ständig, die Klimaanlage im Sommer sowieso, möglichst zur Abkühlung der Zimmerluft auf dann unerklärlicher Weise komfortabel empfundene 18°C, während in seltsamem Kontrast hierzu im Winter die Raumtemperatur erst ab 25°C aufwärts als hinreichend gemütlich angesehen wird. Der Warmwasserhahn wird grundsätzlich immer aufgedreht, weil kaltes Wasser im Schöpfungsplan nur deshalb vorgesehen ist, um das heiße fein abgestimmt und möglichst angenehm zu temperieren, und man muss schon dankbar sein, dass Duschrituale (auch ohne das nächtliche Einschreiten eines Psychopaten wie Norman Bates) irgendwann tatsächlich beendet werden – nach dem Einsatz einer Wassermenge, die bequem für zwei bis drei Vollbäder gereicht hätte. Das ist aber gar nicht dramatisch, denn Duschen ist ja bekanntlich per se umweltverträglicher als ein Vollbad. Das heiße Wasser einfach dauerhaft laufen zu lassen hat sich noch nicht endgültig durchgesetzt, wahrscheinlich der störenden Geräusche wegen. Toiletten werden tatsächlich immer noch mit kaltem (!) Wasser gespült – da wäre ein Umdenken (aus zwingenden Hygienegründen z.B.) gar nicht so abwegig. Lebensmittel werden immer im Übermaß gekauft und im Übermaß fortgeworfen. Gehwege gibt es in den Suburbs im Zweifel nicht, weil kein Mensch auf die Idee käme, hier zu Fuß zu gehen – wozu sind denn Autos da? Und: Alles muss hastig geschehen. Mit Dingen ganz allgemein schonend umzugehen verbietet sich schon deshalb, weil man dann ja nicht guten Gewissens neue kaufen kann. Und so weiter und so weiter...

Wie gesagt: Ich darf und will mich nicht darüber erheben. Und fühlt es sich nicht gut an, mit optimistisch-fröhlichen, sympathischen amerikanischen Freunden in einem Restaurant diesen Überfluss eine Zeit lang zu teilen, während daheim das Licht brennt? Die Welt kann so schlecht nicht sein, wenn der Espresso so gut ist. Ein in angenehmer Weise gefüllter Magen verzeiht so vieles und vertreibt – zumindest vorübergehend – übertrieben gesellschaftskritisches Gedankengut sogar bei durchschnittlich misanthropischen Berufsrevolutionären – nur dass die es nicht zugeben können wollen mögen.

Nichts wird so selbstverständlich genommen wie der eigene Lebensstandard – da bin ich selbstverständlich überhaupt keine Ausnahme. Im Grunde bin ich mit allem den US-Amerikanern ja nur ein Stück weit hinterher, vielleicht zehn, maximal zwanzig Jahre. Also nicht die Welt – um die es ja geht. Mir ist im Prinzip bewusst, dass Menschen aus Entwicklungsländern meinem Anspruch auf Lebensstandard genauso fassungslos gegenüberstehen wie ich dem US-amerikanischen. Das Sein bestimmt das Bewusstsein – nicht umgekehrt.

Wir sind es gewohnt, in einer Welt des technischen Fortschritts, des Raubbaus, der Ausbeutung, des Überflusses und des Konsums zu leben. Diesbezügliche Gewissensbisse betäuben wir mit Bio- und Öko-Labeln und komplizierten Umweltschutz-Gesetzen, die üblicherweise zu spät kommen (was dennoch besser ist als gar nichts zu tun) oder über das Ziel hinausschießen (weshalb man sich dann nicht an sie hält). Diese Wegwerfgesellschaft aber grundlegend ändern zu wollen (was ohnehin kein Verbraucher ernstlich will – es sei denn, dies wäre ohne persönliche Einbußen möglich) bedürfte es eines grandiosen Gegenkonzeptes, das am Besten nichts kostet und allen unmittelbar einleuchtet, was schon deshalb nicht realistisch ist, weil es uns in jedem Fall zu viel abverlangte. Es wäre die reinste Utopie und in der politischen Umsetzung in etwa so wirklichkeitsfern wie der heilige, praktisch selbstlose Mensch, den es als Voraussetzung für eine derart heile Welt bräuchte.

So bleiben wir Gefangene unserer Umstände, was gut erträglich ist – auf der Sonnenseite des Lebens. Die Verheißungen eines besseren oder zumindest gleichbleibenden Lebensstandards sind weitaus verlockender als sich auf die nöligen Ermahnungen der Vernunft einzulassen, die in Form eines schlechten Gewissens hin und wieder zögerlich ihren Einspruch geltend macht. Wir bewegen uns auf den Abgrund zu? Kein Grund zu jammern – immerhin geschieht es in unseren Breiten doch sehr komfortabel. Und auf den Ausspruch „Nach uns die Sintflut" muss man ja auch erst einmal kommen, bedarf es dazu doch immerhin einer gewissen intellektuellen Leichtigkeit. Das klingt (und ist) kulturpessimistisch, ich weiß.

Gerade hörte ich Herrn Gauland wieder den menschengemachten Klimawandel verneinen. Ich denke, er will den GAU auf diese Weise von seinem Lande fernhalten. Nun gut. Am Klimawandel zu zweifeln ist sein Recht. Auch ich kann ja nur hören, lesen, überlegen, vermuten und glauben – in letzter Konsequenz wissen kann ich's nicht. Bedenklich erscheint mir allein die politische Bequemlichkeit. Eine ganze Partei setzt sich per Parteitagsbeschluss über die Forschungsergebnisse und Aussagen der weltweiten, großen Mehrzahl der Klimaforscher hinweg, und das Kernargument ist: Wir glauben's nun mal nicht, weil es uns nicht passt. Und etwas gegen den Klimawandel tun können wir ohnehin nicht (weil wir das schon gar nicht wollen). Dieses ganze Verantwortungsgeschwatze der selbsternannten Wissenschafts-Eliten und der ihnen hörigen linksintellektuell und feministisch versifften Parteien und Medien geht uns sowieso auf den Zeiger. Da sind wir uns alle total einig, übrigens auch mit dem amerikanischen Großartigsten Präsidenten. Nun gut. Vielleicht lässt sich ja das Weltklima tatsächlich von Parteitagsbeschlüssen der AfD oder der unerschütterlichen Meinung des Herrn Trump nachhaltig beeindrucken. Aber darf man das einfach abwarten? Ich bleibe skeptisch und zeige mich erneut kulturpessimistisch, was man getrost meinem vorgerückten Alter zurechnen kann.

Mit dem Großartigsten Präsidenten schließt sich der Kreis. Dass das Lichtausmachen im wörtlichen wie im übertragenen Sinne in Wahrheit konsum- und damit wirtschafts- und lebensfeindlich ist, hat er längst erkannt und spricht damit vielen seiner Landsleute aus der Seele. Wir brauchen mehr und nicht weniger Konsum. Und wir brauchen eine Mauer, hinter der wir das ungestört tun können. Da bin ich mal lieber ganz still.

Erbschaft, steuerlos

Die AfD fordert es schon lange; die Freien Wähler Bayerns fordern es neuerdings; liberalkonservative Kräfte allgemein wünschen es offen bis insgeheim: die Abschaffung der Erbschaftssteuer.

Der vielzitierte kleine Mann denkt etwa so: Zwar habe ich nichts zu erben oder zu vererben, das auch *nur entfernt* einer Erbschaftssteuer unterliegt (vielleicht weiß er über diesen Umstand auch nur einfach nicht hinreichend Bescheid), aber ich könnte doch schon morgen als Millionär oder Milliardär aufwachen, und dann wäre der Schaden groß. Man will mir (oder meinen Kindern) etwas wegnehmen! Also fühle ich mich vorsorglich solidarisch mit den gebeutelten Erben meiner armen Milliardärsbrüder und -schwestern, denen durch die Erbschaftssteuer so viel Ungemach droht. Deren umgekehrte Solidarität mit dem kleinen Mann beschränkt sich hinwiederum auf wenig mehr als ein Anliegen: der Abschaffung der Erbschaftssteuer, von der die Reichen und Superreichen gewiss sehr viel hätten, der Rest der Gesellschaft aber rein gar nichts außer dem großen Schaden einer sich zunehmend und absurd ungleich entwickelnden Vermögens- und wirtschaftlichen Machtverteilung. Dazu gleich noch mehr.

Die eigenartige, irrationale Solidarität des kleinen Mannes mit den Superreichen hat Klaus Staeck vor vielen Jahren schon mit einem Wahlplakat sehr schön auf den Punkt gebracht: „Arbeiter – die SPD will euch eure Villen im Tessin wegnehmen!" Es ist der amerikanische Traum, der verspricht, dass aus jedem Tellerwäscher ein Millionär werden könne. Er muss es nur wollen. Ein politischer Konjunktiv der Chancengleichheit. Die Idee einer Lotterie als staatstragender Lebenslüge. Ein Versprechen, das – wenn überhaupt – allenfalls im Promillebereich eingelöst wird. Der Rest geht leer aus und muss leer ausgehen (das ist das Prinzip einer Lotterie – woher käme sonst der Hauptgewinn?), was diesen Rest – im Grunde als faule Verlierer gebrandmarkt – durchaus nicht daran hindert, uneingeschränkte Solidarität zu empfinden mit denen, die es geschafft haben – schließlich hätte man ja fast dazugehört. Und außerdem kann schon morgen das Losglück mich treffen. Ich muss mich nur weiter anstrengen und unbedingt daran glauben. Und für diesen Fall rechtzeitig Vorsorge treffen: Die Erbschaftssteuer muss weg.

Viel Emotion steckt in der Thematik. Es lohnt sich, das aufzudröseln. Wer wollte nicht gern reich sein? Außer einigen ganz Abgeklärten versammeln sich nahezu alle einmütig hinter dieser speziellen Verheißung. Reichtum verspricht ein sorgenfreies, angenehmes, schönes und auch noch langes Leben. Der Wunsch danach ist vollkommen verständlich und durchaus berechtigt – wenn (nicht nur) ich ihn auch um die Forderung einschränke, dass dies nicht zu Lasten und auf Kosten anderer gehen darf. Das genau ist aber das Problem.

Ich bekenne, dass ich diesbezüglich im Laufe meines Lebens mehrfach um- und weitergedacht habe. Die jugendlich-träumerische Phase des großen allgemeinen Gerechtigkeitsdenkens liegt lange hinter mir. Ach – diese Traumländer. Das Schiff, das uns hinzubringen verspricht, ist allzu oft die MS Diktatura und kommt nie an. Dabei erschien eine Gesellschaft doch ideal, in der alle – ohne nennenswerte Einkommensunterschiede und daraus abgeleiteter absurder Anhäufung von Vermögenswerten – selbstlos und solidarisch allein aus Berufung und Freude an der Sache den ihnen möglichen Teil zum Gemeinwohl beitragen. Ja fein, wenn nur der Mensch von Natur aus so selbstlos und solidarisch wäre. Er ist es aber nicht und *ich* bin es auch nicht. Das wird seinen Grund haben. Zumindest sollte man es berücksichtigen.

So sind und bleiben die Verheißungen eines besseren Lebensstandards eine wichtige Triebfeder innerhalb der Gesellschaften. Menschen, die mit Fleiß, Dynamik, Innovationsfreude und Risikobereitschaft im Wirtschaftsleben Ziele erreichen, welche zugleich der Allgemeinheit dienen, müssen und sollen dies nicht selbstlos tun. Hier gibt es nur eine Ausnahme: Heilige. Marktwirtschaft kann und muss Anreize schaffen. Der Einsatz des einzelnen darf sich erkennbar lohnen. Auch wenn Einkommen und Vermögen in diesem Zusammenhang zum Glück nicht die einzige Währung und Triebfeder sind, so wäre es doch für die dynamische Entwicklung einer Gesellschaft verhängnisvoll, gute Gehälter und ordentliche Gewinne per se zu verteufeln. Wer schafft, kann auch – ohne schlechtes Gewissen – finanzielle Ansprüche anmelden.

Eine Marktwirtschaft floriert, solange der einzelne sich hocharbeiten kann und u.a. entsprechende finanzielle Anreize gesetzt werden. Das ist die tiefere Rechtfertigung unterschiedlicher Einkommen und Vermögen – wobei ich auf Aspekte von Gier, Geiz, unternehmerischer Willkür, Ausbeutung und rücksichtsloser Gewinnmaximierung an dieser Stelle nicht eingehe, sondern gewissermaßen den theoretischen Idealfall setze, in dem zu Recht mehr bekommt und mehr besitzt, wer sich in anständiger Weise dafür abmüht.

Selbstverständlich bin ich mir dessen bewusst, dass die Wirklichkeit so hehr nicht ist, und selbstverständlich bin ich mir auch dessen bewusst, dass nicht jeder bei diesem Leistungsmarathon mithalten kann oder mithalten will und trotzdem einen seiner Menschennatur und seinem gesellschaftlichen Beitrag gemäßen Anspruch auf ein ordentliches Einkommen und soziale Mindeststandards hat. Der Mindestlohn ist, was die Einkommensseite betrifft, ein Anfang, aber als lebenslängliches Bezahlungsmodell immer noch mehr als untauglich. Wenn Menschen von ihrer Hände Arbeit nur schlecht (oder kaum) leben können und am Ende in Altersarmut fallen, stimmt der gesellschaftliche Verteilungsschlüssel nicht.

Das vielgerühmte Prinzip der Befürworter einer möglichst freien – man könnte auch sagen: ungehemmten – Marktwirtschaft, dass *Leistung sich lohnen müsse*, unter anderem auch deshalb, weil dieser Antrieb als gesellschaftlicher Fortschritt zugleich wieder der Allgemeinheit zugute kommt, wird durch das erkennbar leistungslose Ererben von Millionen- und Milliardenvermögen schlicht auf den Kopf gestellt, denn es verzerrt die ohnehin ungleichen Startbedingungen innerhalb einer Gesellschaft ins Groteske und belohnt Menschen, die sich nun leisten können, was sie nie geleistet haben – völlig entgegen jenem politisch so gern propagierten marktwirtschaftlichen Leistungs- und Belohnungsprinzip.

Übrigens: In exemplarischen Einzelfällen kommt es tatsächlich vor, dass der Firmenpatriarch weiser ist als das geltende Erb- und Steuerrecht. Er setzt den oder die hoffnungslos unfähigen Erben auf den Pflichtteil und übergibt die Firmenleitung kompetenten Managern. Bitte verstehen Sie mich nicht miss – ich halte nicht etwa jeden Firmenerben von vornherein für einen Schwachkopf und nicht jeden Manager per se für einen Ausbund an Kompetenz, ganz im Gegenteil. Aber das gewählte Beispiel zeigt sehr schön, dass auch in diesem Extremfall der politisch gern beschworene wirtschaftliche Weltuntergang seltsamerweise nicht eintritt: Für den Erben nicht, für die Firma nicht und für die Gesellschaft schon mal gar nicht.

Wenn es nur darum ginge, dass ein paar Erbmillionäre und -milliardäre sich ein feines und anstrengungsfreies Leben machten... es wäre vermutlich kein Drama, wenn auch der Gerechtigkeitssinn hierbei etwas strapaziert wird. Schwerer wiegt da vielleicht, dass sie relativ mühelos eine komplette Firma oder gar einen ganzen Konzern übernehmen, wofür andere unter dem wohlfeilen Etikett von Chancengleichheit und lohnenswertem Leistungsanreiz wenigstens drei bis fünf Menschenleben lang hätten ackern müssen. Aber auch das wäre gesellschaftlich vielleicht noch verkraftbar. Nicht hinnehmbar für ein Gemeinwesen ist aber die wirtschaftliche (und damit auch politische) Macht- und Einflusskonzentration als entscheidende, kaum verrückbare Weichenstellung für kommende Generationen. Es geht um Herrschaft. Und es geht um die erhebliche Verschärfung sozialen Ungleichgewichts. Es geht um die dramatische Zunahme der Chancenungleichheit beim Zugang zu den abgeschotteten Zirkeln wirtschaftlicher Macht. Es geht – um den gesellschaftlichen Sprengstoff der Zukunft. So gesehen müssten gerade marktliberale und konservative Kräfte, die auch in den kommenden Generationen zum Wohle aller das Leistungsprinzip als wesentlichem Antrieb und allein entscheidende Rechtfertigung für hohe Einkommen und Vermögen hochhalten wollen, in besonderem Maße für eine Erbschaftssteuer sein. Eigentlich. Einer Gesellschaft muss daran gelegen sein, dass möglichst die Besten (im Interesse der Sache und des Ganzen) und nicht die Vermögendsten (im Zweifel wohl eher im Eigeninteresse) die Geschicke der Wirtschaft bestimmen. Natürlich ist das ideal gedacht, darf aber deshalb als anzustrebendes Ziel nicht aus den Augen verloren werden.

Sind das Geld oder die Firma aber erst einmal vererbt und vermehrt sich dann das Kapital womöglich auch noch ohne nennenswertes Zutun von selbst, was man liebevoll „Vermögenspflege" nennt, wandelt sich die Argumentation. Nun ist gerne die Rede von einer *Neiddebatte* – einem Begriff, den als schlagendes Argument ersonnen und besetzt zu haben einen spürbaren Vorteil in der politischen Diskussion verspricht. Doch hätte dann ehrlicherweise die politische Ausgangsthese von vornherein lauten müssen: Leistung *und sehr reiche Eltern* (gehabt) *zu haben* muss sich lohnen. Als Wahlkampfslogan würde das nicht einmal *den* Parteien einfallen, die offen für eine Abschaffung der Erbschaftssteuer streiten. Der anderen Seite ist der genauso wenig stichhaltige Gegenbegriff zur Neiddebatte, nämlich die *Schlaraffenlanddebatte* noch nicht eingefallen, was sicher gut ist, denn Schlag(!)worte helfen nicht, sondern spitzen zu. Dieses Feld überlasse man besser dem Kabarett, wo die Zuspitzung – im Gegensatz zum politischen Diskurs – Denkanstoß ist und nicht Parole.

Bei der Erbschaftssteuerdebatte aber geht es in Wahrheit überhaupt nicht um freie Marktwirtschaft, hochgehaltenes Leistungsprinzip und gesellschaftlichen Fortschritt durch finanzielle Anreize für Leistungsträger. Es geht um eine zutiefst menschliche Regung: im Wesentlichen den eigenen Kindern und nicht dem Staat zukommen zu lassen, was man im Laufe seines Lebens erarbeitet und aufgebaut hat. Das steckt tief in jedem, der selbst Kinder hat, und es ist im Grundsatz gut so. Denn die eigene Lebensleistung hat man ja auch und vielleicht gerade der eigenen Kinder wegen erbracht. Genau diese emotionale Seite ist es aber, die jene eigenartige Solidarität zwischen der Masse der Habenichtse und den wenigen besonders Reichen ausgerechnet bei diesem Thema herzustellen vermag und die sich politisch – allein im Sinne und zum Vorteil der Betuchten – so gut ausschlachten lässt. Herr und Frau Mustermann sollten dieses Spiel durchschauen.

Natürlich geht mir in diesem Zusammenhang auch das vielzitierte mittelständische Unternehmen durch den Kopf, Paradebeispiel derer, die die Abschaffung der Erbschaftssteuer fordern, um die Existenz gerade solcher, für unsere Volkswirtschaft wichtigen Unternehmen, in nächster Generation nicht zu gefährden. Selbstverständlich kann ich mir im Einzelfall kein Urteil anmaßen. Dass das

Erben von Unternehmen steuerlich nicht anders behandelt werden darf als das Erben von anderen Vermögenswerten, hat das Bundesverfassungsgericht klargestellt. Die Erben von Familienunternehmen müssten – wenn es nicht anders ginge – also im Zweifel einen Kredit aufnehmen oder Unternehmensanteile, soweit überhaupt möglich, verkaufen, um die fällige Erbschaftssteuer zu entrichten. Das klingt subjektiv hart und ist doch weich gebettet. Nicht das Unternehmen ist gefährdet, sondern die Besitzverhältnisse an ihm, was in der politischen Diskussion gern und geflissentlich übergangen wird. Nahezu jeder weniger glückliche Nichterbe würde (wenn er denn das Geld hätte) einen Mittelstandsbetrieb unter diesen Voraussetzungen zu vielleicht einem Viertel seines Wertes oder weniger mit Kusshand übernehmen. Die Erben müssten ja nichts anderes tun, als ihre Eltern oder Großeltern es taten, die mit Krediten und ungleich höherem Risiko das Unternehmen einst aufgebaut hatten. „Lass dir etwas einfallen", höre ich den Gründervater sagen, „ich musste mir schließlich auch etwas einfallen lassen." Wäre das nicht einfach nur ein Stück Generationengerechtigkeit? Man könnte es auch so sehen.

Die fast schon sprichwörtliche Sorge um das eigene ungeschmälerte Erbteil in Gestalt von Omas Häuschen bringt viele Normalverbraucher aus Unkenntnis in Rage und zu dem vermeintlich solidarischen Wunsch, dann doch lieber auch das Erbe von Riesenvermögen und großen Firmenanteilen steuerlich unangetastet zu lassen, um im Fall der Fälle selbst fein raus zu sein. Die Erbschaftssteuer, die auf Omas Häuschen entfiele, läge allerdings bei Null oder wäre lächerlich gering und bestens verschmerzbar – es sei denn, bei Omas Häuschen handelte es sich überraschenderweise doch um das besagte Chalet in den Schweizer Bergen samt eingebautem, randvollem Aktientresor.

Auch die Sorge um die ungeschmälerte Weitergabe des Familienvermögens an die eigenen Nachkommen ist in der übergroßen Mehrzahl der Fälle völlig unbegründet. In *der* Liga spielen wir gar nicht mit – worüber man uns aber von interessierter Seite gerne im Unklaren lässt. Sehr wohl begründet ist hingegen die Sorge um eine rasant zunehmende Verschiebung der Besitz- und Machtverhältnisse in diesem Staate für künftige Generationen, die leider – wie die Dinge stehen – ohnehin zu befürchten ist, ohne das Korrektiv Erbschaftssteuer aber noch rasanter verlaufen würde. Diese ordnungspolitische Stellschraube darf nicht abgeschafft werden, sondern sie muss im Gegenteil weiterhin mit Verstand justierbar bleiben (was die Aufgabe von ideologiefreien Fachleuten zu sein hat), um wirtschaftliche Macht in unserer Gesellschaft nicht immer stärker erblich zu konzentrieren und zu zementieren. Wenn die jeweils folgende Generation mit dem ihr eigenen Tatendrang nicht immer wieder im Wesentlichen neu beginnen kann, erstarrt ein Gemeinwesen in gefährlicher Weise. Wer dies nicht bereit ist zu steuern, verweigert den politischen Weitblick und setzt die Brandherde künftig sich weiter verfestigender Chancenungleichheit bis in die Führungsetagen und gesellschaftlicher Instabilität durch Mangel an sozialer Gerechtigkeit. Grund genug, bei jedem neuen Spiel – wenigstens zum Teil – die Karten neu zu mischen.

Wir kleinen Leute hinterlassen unseren Kindern – wenn überhaupt – nicht nur ein ohnehin bescheidenes finanzielles Erbe, das zu Recht steuerfrei ist, weil es auf irgendwelche möglichen wirtschaftspolitischen Machtpoker

Null Einfluss hat – wir haben auch die Chance – hoffentlich mit Weitsicht – ein politisches Erbe zu hinterlassen, das vererbbare Macht jeder Art (still gedenke man der Kaiser, Könige und Fürsten vergangener Zeiten) klug beschränkt. Welches Erbe hierbei mehr wiegt, ist für mich keine Frage.

Straßenverkehrsordnungs-änderungsbekanntmachung: drei neue Paragraphen

Zugegeben – ich war nicht besonders schnell unterwegs. Das Einkaufszentrum war gut gefüllt und es gab Gründe, sich dem Tempo der gestauten Menschenmenge anzupassen. Einkaufende Menschen wirken selten so glücklich wie ihre Vorbilder auf den Werbeplakaten. Es liegt gewiss daran, dass sie *noch nicht genug* eingekauft und es deshalb sehr eilig haben. Besonders unglücklich – um nicht zu sagen: wutentbrannt – war eine Dame hinter mir, die ich, der äußeren Umstände wegen, bis dahin noch gar nicht wahrgenommen hatte.

„Immer vor mir her!", raunzte sie mich während des schließlich eingeleiteten Überholvorganges denkbar unfreundlich an. Dieser Vorwurf war mir grundsätzlich neu. Ich musste das erst einmal sortieren. Er lautete ja wohl: Es ist eine Frechheit, wenn jemand *vor jemandem* hergeht, vor allem, wenn dies nicht schnell genug geschieht. Auf diesen Einfall und Anspruch war ich noch nicht gekommen. Mir blieb – wie immer in solchen Fällen – die Luft weg. An einer schlagfertigen Antwort feile ich noch heute.

Und dann fiel mir ein: Dieser Anspruch ist in Wahrheit alles andere als neu. Er wird im Straßenverkehr ständig erhoben und muss daher vollkommen berechtigt sein: *Es ist eine Frechheit, dass jemand vor mir herfährt*! So lautet deshalb auch der neue § 1 der Straßenverkehrsordnung. Er gilt zu jeder Tages- und Nachtzeit auf ausnahmslos allen Straßen. Er hat den Rang eines Menschenrechts, mindestens, und wurde in der Werbung für Navigationsgeräte längst auf den Punkt gebracht: „Welcome to priority driving".

Wir kennen das: Auf der Autobahn wird es dicht. Der Verkehrsfluss verdickt sich. Gut, wenn da vorerst noch im Schnitt um die 80 km/h für alle drin sind, doch es geht zunehmend langsamer voran. Und dann kommt einer von weit hinten. Mit 180 bis 200, gerne auch mehr, weil man das schließlich kann und weil man das schließlich darf. Ein wahrer Umweltaktivist – denn je schneller jemand fährt und am Ziel ist, desto weniger Zeit bleibt seinem Auto, schädliche Abgase auszustoßen.

Der neue § 1 StVO impliziert zum Glück, dass die Nötigung eines deutlich schnelleren Verkehrsteilnehmers, das Tempo zu drosseln, bloß weil die Umstände dies erfordern, in krasser Weise gegen alles verstößt, was den Sinn unseres Seins ausmacht. Deshalb verbietet sich auch von vornherein der Gedanke, es sei einem freien Bürger auf freier Fahrt in einem freien Land grundsätzlich zumutbar, vom Gas zu gehen oder gar das Bremspedal zu betätigen. Wenn von ihm überhaupt etwas erwartet werden darf, das seiner Situation gerecht wird, dann ist es *vielleicht noch* die Betätigung von Hupe und Lichthupe. Blinker setzen ist aber auch gut – zum Zeichen, dass man mit dem Kriechtempo vor einem nicht einverstanden ist und zum Überholen ansetzen möchte.

Der Pulk, der auch noch mit bekannter Dreistigkeit eben diese Überholspur verstopft, verkörpert eine geradezu kollektive Erfrechung. Es wird Zeit, angesichts der sich zuspitzenden Situation auf den neuen § 2 der Straßenverkehrsordnung zu verweisen. Er lautet: *Die Vorherfahrenden haben ihre zu niedrige Geschwindigkeit unverzüglich der höheren des Hinterherfahrenden anzupassen, um den nötigen Sicherheitsabstand zu gewährleisten; zeitgleich ist durch Ausweichen auf die Seitenstreifen die Fahrbahn zu räumen.* Ich bin ehrlich: Die reine und schöne Vernunft, die aus diesem Text spricht, hätte ich dem Gesetzgeber gar nicht zugetraut. Und unter uns: Würde dieser § 2 stets eingehalten, gäbe es keine Staus mehr, zumindest für Schnellfahrer.

Aber weit gefehlt. Der Pulk löst sich nicht auf. Da hilft kein Augenreiben: Der Pulk löst sich einfach nicht auf! Stattdessen nötigt er den arglos von hinten Heranfahrenden in brutaler Weise, mit dem rechten Fuß schließlich doch noch vom Gas- auf das Bremspedal zu wechseln. Und nun heißt es für den Profi – und nur Profis schaffen das – trotz des erlittenen Traumas besonnen zu bleiben. Einmal mehr ist eine geduldige und defensive Fahrweise geboten: Hart links am Mittelstreifen unter Einhaltung eines mehr als großzügig bemessenen Sicherheitsabstandes von reichlich zweieinhalb Metern bei Dauereinsatz von Hupe, Lichthupe und Blinker. Ich glaube, es war Schiller, der erkannte, dass man eine Gewalt dem Begriffe nach besiegt, indem man sich ihr freiwillig unterwirft.

Zum Glück hilft dem seelischen Gleichgewicht die kluge moralische Unterstützung durch den neuen § 3 der Straßenverkehrsordnung wieder ein wenig auf: *Wer einen Personenkraftwagen mit einer Höchstgeschwindigkeit von weniger als 150 km/h besitzt oder gar bewegt, verwirkt wegen dieser vorsätzlichen, böswilligen und gemeingefährlichen Behinderung des freien Straßenverkehrs seine Rechte als Verkehrsteilnehmer und darf als Freiwild behandelt werden.* (Ich kann den Gesetzestext leider nur aus meiner Erinnerung zitieren und verbürge mich deshalb für den Begriff „Freiwild" nicht wortwörtlich, wohl aber sinngemäß.)

Getröstet wenigstens durch die eindeutige Rechtslage wenden wir uns kopfschüttelnd ab von der beschriebenen Szene. Was zu viel ist, ist zu viel. Dass es zu keinem Unfall kommt, danken wir einmal mehr der Umsicht, Gelassenheit und Vernunft des hilflos Ausgebremsten, mit anderen Worten: seiner moralischen Überlegenheit. Im Übrigen gilt: Da sein Augenmerk aus Sicherheitsgründen zwingend nach vorn gerichtet bleiben muss, wäre jede Form von Rücksichtnahme verantwortungslos. Die großartige Logik dieser Denkfigur zu würdigen bereitet den perfiden Schleichern da vor ihm aber schon deshalb Mühe, weil sie nicht nur langsam im Fahren, sondern auch langsam im Kopf sind.

Alles in allem also hat das unschuldige Opfer ignoranten Kriechertums aus dem „Ich-ertrag-es-nicht-dass-jemand-vor-mir-herfährt"-Reflex das Beste gemacht. Der Klügere gibt nach – selbstverständlich aus erzieherischen Gründen erst im letzten Sekundenbruchteil, manchmal nach gründlicher Abwägung auch etwas später. Schließlich geht es um die Verteidigung eines der höchsten Rechtsgüter überhaupt: Es geht um unsere Freiheit.

Defätisten weisen darauf hin, dass auf dieser Erde immer jemand vor einem herfahre, das ergebe sich schon aus ihrer Kugelgestalt – die Frage sei nur, mit welchem Abstand. Und dass es klüger wäre, viel Abstand zu lassen, um sich selbst das Gefühl zu geben, es fahre keiner vor einem her. Ich glaube, Defätisten haben vom Autofahren keine Ahnung.

Zusammengetrennt-
Aufschrei(bung)

Die sinnfreie Getrenntschreibung von Wortverbin-
dungen, die weiß Gott zusammengehören, ist weiter auf
dem Vormarsch. Es scheint, als breite sich die Seuche un-
gehemmt aus und ließe insbesondere die ältere Generation
– also auch mich – ratlos zurück. Und ich glaube zu wissen,
wer daran die Schuld trägt.

Sprache ist ungenau. Sie erzeugt nach Leibniz Irr-
tümer. Sie tat es auch schon vorher. Sie lässt Raum zur
Interpretation. Das ist ihre Schwäche und ihre Stärke zugleich. Leibniz' Versuch, eine irrtumsfreie Zahlensprache
zu entwickeln, ist gescheitert. Ich zweifle vorsichtig daran,
ob eine irrtumsfreie Sprache – wenn sie möglich wäre – zur
Poesie taugte. Dass Sprache den Irrtum und das Missverste-
hen in sich trägt, macht einen möglichst präzisen Umgang
mit ihr umso notwendiger. Präzision der Sprache ist Präzision des Denkens.

Die Rechtschreibreform – oder besser: der Versuch einer Rechtschreibreform – liegt nun schon wieder

viele Jahre zurück. Das Gezeter war groß, das Hin und Her atemberaubend. In Schleswig-Holstein wurde sogar eine Volksbefragung hierzu abgehalten. Das habe ich damals nicht verstanden und das verstehe ich heute noch nicht. Man hätte genauso gut darüber abstimmen können, ob Schleswig-Holstein aus der Nato oder der Eurozone austritt (die es damals noch nicht gab). Es gibt Dinge, die müssen im Großen geregelt werden. Eine von Bundesland zu Bundesland unterschiedliche Rechtschreibung wäre eine Lachnummer geworden.

Verstehen Sie mich nicht miss: Ich bin kein glühender Verfechter dieser Reform gewesen und bin es auch heute nur eingeschränkt. Dazu gleich noch mehr. Den abstimmungsberechtigten Bürgerinnen und Bürgern ging es aber mehrheitlich gar nicht um Inhalt und Bedeutung, sondern um die – sicher begründete – Sorge, sich umstellen zu müssen auf ein neues Regelwerk, wo sie doch schon das alte nur mühsam beherrschten.

Oberstes Bemühen der Reformer war es, die Regeln der Rechtschreibung zu vereinfachen. Dieser Ansatz war berechtigt. Doch der Reformeifer ging zu weit. Die Vereinfachung der Regeln bei der Zusammen- und Getrenntschreibung sollte z.B. auch dann noch höchstes Gebot bleiben, wenn sie den Sinn des Geschriebenen verfälschte. (Beispiel: steigerbares Adjektiv und Verb sind immer getrennt zu schreiben).

Na, das war ja nun fein. Fügen wir also den Irrtümern, die die Sprache ohnehin erzeugt, von Amts wegen gleich noch etliche neue hinzu – weil es auf einen Irrtum mehr oder weniger nun schon auch nicht mehr ankommt – und erklären sie zum Regelfall. Warum sollte man bei der Neuordnung der Rechtschreibung auf so etwas Unwesentliches achten wie den *Transport der Bedeutung*, wenn man dafür einheitliche Regeln eintauschen kann? Gut – das war eine rhetorische Frage.

Vor der Reform musste man bei der Zusammen- oder Getrenntschreibung auf die Betonung hören, um sicherzustellen (nicht: sicher zu stellen) dass die richtige Bedeutung transportiert wurde. Das war zugegeben nicht ganz leicht. Es ist aber ein wesentlicher Unterschied, ob ich frage, wie*viele* Kinder in Afrika leben, oder: *wie* viele Kinder in Afrika leben. Und die Frage, wie*viele* Bücher über Sokrates geschrieben wurden, unterscheidet sich sehr von der Überlegung, *wie* viele Bücher über Sokrates ge- schrieben wurden. Die heute gültigen Rechtschreibregeln (Stand: Duden, 26. Auflage) hindern mich offiziell immer noch daran, hier im Schriftlichen zwischen zwei ganz ver- schiedenen Bedeutungen zu unterscheiden, indem sie die Zusammenschreibung „wieviele" grundsätzlich nicht zulas- sen. Ob das in diesem Fall allein auf das Konto der letzten Rechtschreibreform geht oder das Problem schon vorher bestand, kann ich mit meinen Mitteln nicht nachprüfen. An der Problematik selbst ändert es nichts. Heinrich Böll, fiel mir gerade auf, schrieb unverdrossen „wieviele", wenn er „wieviele" meinte. Keine Reform der Welt hätte ihn daran hindern können, nicht einmal eine Revolution.

Da die Rechtschreibreform (durch öffentlichen Protest und Selbstzweifel der Reformatoren genährt) bekanntlich mehrfach modifiziert wurde, schwanden die krassesten Beispiele gegen den Wortsinn erzwungener Getrenntschreibung. Das aber brachte mich auf die Idee, genau danach zu suchen: nach zusammengesetzten Verben etwa, die – je nach dem, ob sie getrennt geschrieben werden oder nicht – zwei völlig verschiedene Bedeutungen annehmen. Es macht übrigens Freude, nach solchen Beispielen zu fahnden. Hier eine kleine Auswahl aus meiner sehr unvollständigen Liste:

Mit dem Kauf guter Wanderschuhe möchte ich sichergehen, dass ich auf dem Bergpfad sicher gehen kann. Ich hätte dir vorher sagen können, dass diese Wahrsagerin nichts vorhersagen kann. Wir sollten uns zusammentun, wenn wir das zusammen tun wollen. Wenn drei Katzen zusammen schnurren ist das etwas ganz anderes, als wenn ein Wollpullover bei zu heißem Waschen zusammenschnurrt. Und offen gestanden hätte ich es doch sehr begrüßt, wenn die Tür zum Schlafzimmer nicht offengestanden hätte. Übrigens: Eine Tür frei zu halten ist auf Dauer ungleich anstrengender als eine Tür freizuhalten, auch wenn das erstere Ansinnen im öffentlichen Raum immer wieder mal an mich gerichtet wird. Auch zwischen gesundschrumpfen und gesund schrumpfen meine ich, einen gewissen, feinen Unterschied zu spüren. Gleiches gilt für: heilig/sprechen, kurz/halten, gleich/machen, schwer/fallen, trocken/wischen, zusammen/kehren, weiter/helfen, weiter/gehen und zahlreiche andere Beispiele. Bei der Suche nach der maximalen Größe des Bedeutungsunterschiedes, der durch eine solcherart vorhandene oder geschlossene Lücke entstehen kann, stieß ich auf das für mich bislang beste Beispiel: klug/scheißen. Schreibfehlerfrei einen General zu überholen gelingt allerdings auch nicht jedem (mein Vorschlag: General, überholt). Aber vielleicht sollte ich hier doch besser Inne halten. Dieser völlig unverhofften Schreibvariante begegnete ich erst kürzlich, in einem ansonsten orthografisch durchaus fehlerfreien Text. Noch aber weigere ich mich, jemanden zu halten, den ich nicht einmal kenne. Und nun noch dies: Wie wäre es zum Abschluss mit einer kleinen Trainingseinheit? Also etwa: Welche Bedeutungsunterschiede liegen zwischen „weiterzumachen", „weiter zumachen" und „weiter zu machen"? Viel Spaß beim Aufspüren!

Für eine andere Variante des neudeutschen Getrenntschreibungswahns kann ich die Rechtschreibreform allenfalls indirekt verantwortlich machen; es können auch Anglizismen ihr Unwesen treiben: Beim Bäcker begegnet mir jetzt regelmäßig ein *Franz Brötchen*, vermutlich der Halbbruder jenes *Franz Branntwein*, der mich morgens beim Öffnen des Badezimmerschrankes begrüßt. Auch einen *Kaiser Semmel* gibt es nun, der es aber noch nicht in die Geschichtsbücher geschafft hat, eine Option, auf die *Graf Konrad Quelle* gar nicht erst hoffen darf, da er dem niederen Adel zuzurechnen ist. Eine Glaubensgemeinschaft des Nachbarortes hat ihr Bethaus einem gewissen *Christus Kirche* geweiht. Eine *Heide Park* (geborene Simonis?) will mir übers Internet irgendwelche Vorzugstickets verkaufen. Und wenigstens *ein* Apfel hat endlich einen Nachnamen erhalten: *Apfel Saft*. Ich erwarte geduldig das Auftauchen von Marga Rine, Markus Platz, Hans Wurst und Axel Schweiß. Aber soweit wird es nicht kommen, beruhigen mich Klara und Rainer Unsinn.

Natürlich hätte man bei der Rechtschreibreform auch den zunächst eingeschlagenen Weg konsequent weiter/verfolgen können. Die einfachste und klarste Schreibregel wäre zweifelsohne gewesen, ohne Ausnahme alles getrennt zu schreiben, was nur geht. Bei gleich zeitiger konsequenter klein schreibung wären wir viel leicht dem englischen deutlich näher gerückt und hätten den brexit verhindert. Es hat nicht sollen sein. So sehr ich den Brexit bedaure, gebe ich aber doch einer Rechtschreibung den Vorzug, die sich im Zweifel am Sinn des Geschriebenen orientiert.

Viele Fehler und Unüberlegtheiten der Schreibreform sind heute geheilt. An anderes hat man sich längst gewöhnt. Vieles war gut und richtig und notwendig. Der normale Bürger hält sich an den Tipp, fortan das ss in Massen und das ß nur noch in Maßen zu verwenden, um vorzutäuschen, dass er die Reform verinnerlicht hat. Man muss – wie bei jeder Revolution auch – im richtigen Augenblick die richtige Fahne aus dem Fenster hängen. Und vom ganzen Kuddelmuddel bleibt, dass es in Fragen der Zusammen- oder Getrenntschreibung heute heilloser durcheinandergeht als je zuvor. Aber damit müssen wir wohl leben.

Was man machen kann
und was man lassen sollte

Im Englischen, so fiel mir irgendwann auf (ich bin nicht gerade schnell in solchen Dingen), muss die Bedeutung des Verbs „to make" sehr viel umfassender sein als im Deutschen die Bedeutung des Wortes „machen". You can make love, you can make friends, you can make money and you can make sense. Das heißt – im letzten Fall muss es wohl doch „it makes sense" heißen. Jedenfalls: „to make" gleicht in seinen Bedeutungsvarianten einem kleinen Kosmos, wie ich im mir vorliegenden Wörterbuch der englischen Sprache, dem „Kleinen Muret-Sanders" feststellen konnte. Festsetzen, verarbeiten, bilden, formen, verfassen, erschaffen, entstehen lassen, dienen, sich erweisen, abgeben, ernennen, verdienen, versuchen – und das ist nur eine willkürliche und knappe Auswahl.

Das deutsche Verb „machen" bescheidet sich mit einem deutlich geringeren Bedeutungsumfang. Das hindert das Neudeutsche aber nicht daran, auf englische bzw. US-amerikanische Wendungen zurückzugreifen, und so wird zunehmend auch bei uns möglich, was doch gar nicht geht. Mit Freude aber las ich, dass auch englischsprachige Kinder das „to make" zunächst natürlich eher eng auffassen: In P.L.Travers' „Mary Poppins" stellen sich die Kinder der Familie Banks die Berufstätigkeit ihres Vaters dahingehend vor, dass er Münzen ausstanzt und Geldscheine ausschneidet. He makes money! Das hat mir sehr gefallen.

Als ich mit einer jungen Kollegin auf einer sehr fachlichen Ebene über die fragwürdige Verwendung des Wortes „machen" sprach und dabei feststellte, dass man z.B. Liebe doch nicht *machen* könne, strahlte sie mich versonnen, wissend und glücklich an und sagte: „Doch, das kann man!" Ich musste mich geschlagen geben. Eine sympathische Niederlage. Das umwerfende Gefühl war auf ihrer Seite, die im Vergleich dazu eher armselige Sprachlogik auf meiner. Und gegen das Gefühl kommt die Logik ohnehin nicht an, so, wie die Ehefrau ihrem Mann auf den Hinweis: „Das ist doch nicht logisch" erwidert: „Wir sind nicht logisch sondern verheiratet."

Dass man sich „Freunde machen" könne, wusste bereits 1979 das von Reinhard Mey besungene „Vorher-Fotomodell" Detlef Kläglich in dem Song „Daddy Blue". Hier war's noch ironisch gemeint. Später wurde es ernst. Und noch später werden Kinder in ihrer unschuldigen Art vielleicht vermuten, dass das Freundemachen wie in Dr. Frankensteins Labor gehandhabt wird. Oder vielleicht wie das „Kindermachen", über das man gleichfalls geteilter Meinung sein kann, womit wir dann aber schon wieder bei dem großartigen Glück meiner jungen Kollegin wären. Nun gut – wenn ich das veraltete „Freunde gewinnen" dagegensetze, könnte man ja auch an so etwas wie eine

Losbude oder den Hauptgewinn einer Lotterie denken. Das muss ich zugeben. Es ist vertrackt.

Dass nichts und niemand (den lieben Gott vielleicht ausgenommen) einen Sinn „machen" kann, habe ich schon im „Schlusswort" und in den „Misskonzepten" erwähnt. Sinn ist nicht Zutat sondern Voraussetzung und im Übrigen verdammt schwer zu erfassen. Wer „das macht Sinn" sagt, meint schlicht: „Das leuchtet mir ein". Und dabei sollte man es auch belassen. Es klingt so viel ehrlicher.

Den Kampf gegen das Neudeutsche aber werde ich ohnehin verlieren. Das ist gar nicht schlimm. Ich könnte auch sagen: Das *macht* nichts. Ich will keinen Kampf gewinnen – ich will nur wachhalten oder wachrütteln, dass man Sprache so bewusst wie möglich verwenden sollte. Sonst mache ich mir am Ende doch noch meine eigene.

Von Ordnung und Sauberkeit

Ich liebe es ordentlich. Und ich liebe es, mit Dingen schonend umzugehen. Gleichfalls ist es mir eine große innere Freude, mit Hingabe zu reparieren, was dem Zahn der Zeit zum Opfer gefallen oder durch lieblose Behandlung anderer beschädigt worden ist. Die längste Zeit meines Lebens galt das in den sich für fortschrittlich haltenden Kreisen, in denen ich gerne verkehrte, als besonderer Ausdruck von Spießigkeit. Meist hatte ich deswegen ein schlechtes Gewissen. Etwas schien mit mir nicht zu stimmen. Äußerlich so ruhig wie möglich (es gelang mir nicht immer, ließ mich aber stets deprimiert zurück) ertrug ich alle möglichen unbedachten und bedachten Attacken auf meinen Ordnungs- und Bewahrungssinn, um nicht allzu unangenehm aufzufallen. Noch heute durchschneidet es mehr als einen Nerv, wenn ich daran denke, wie ein Bekannter aus Bequemlichkeit eine schwere hölzerne, mit Metallklammern grob zusammengetackerte Transportkiste auf dem Dach meines relativ neuen Autos absetzte, um die Hände freizuhaben. Dann zog er die Kiste, natürlich ohne sie anzuheben, vom Wagendach wieder herunter, wobei es deutlich hörbar ächzte und knarzte und kratzte und quietschte. Es war mir wie ein körperlicher Schmerz. Aber ich sagte nichts. Ich tat tatsächlich, als mache mir das gar nichts aus, als hätte ich es nicht einmal bemerkt. Ich wollte kein Spießer sein.

Heimlich polierte ich später wieder und wieder den malträtierten Lack des Wagendaches, konnte die teils tiefen Kratzspuren aber nur mildern, niemals mehr ganz entfernen. Schwerer noch als an dem Schaden trug ich jedoch an meiner inneren Zerrissenheit. Wie war es zu ihr gekommen?

Als Kind litt ich sehr wohl am Ordnungssinn und der Putzsucht meiner Mutter. Ihre gnadenlose Pedanterie quälte mich und der gefühlt ständig laufende Staubsauger vertrieb im immer unpassenden Augenblick mit ohrenbetäubendem Lärm jeden Anflug von Gemütlichkeit oder gar Geborgenheit. Meine wenigen Habseligkeiten und Spielsachen wurden ständig umgekrempelt und die Aufforderung, gründlich aufzuräumen, traf mich meist genau dann, wenn ich mich auf etwas ganz anderes gefreut hatte. Das ist insofern ungeschickt ausgedrückt, als ich mich nicht wirklich daran erinnern kann, mich auf das Aufräumen überhaupt jemals gefreut zu haben.

Da meine Großmutter mütterlicherseits in Sachen Ordnung und Sauberkeit eher großzügig bis leicht nachlässig, auf jeden Fall sehr improvisationsbegabt war, musste die Pedanterie meiner Mutter ein Erbteil meines Großvaters sein, der diesen Hang aber nur in ausgewählten Teilbereichen auslebte (der Haushalt gehörte nach seinem männlichen Selbstverständnis nicht dazu). Er selbst erzählte mir, dass es in seinem Leben Zeiten gegeben habe, da er die Seiten eines Buches nur mit einem Seidenpapier zwischen den Fingern umblätterte, um den direkten Hautkontakt und dadurch mögliche Fettflecken zu vermeiden. Ich erinnere mich genau daran, dass er seine geliebten technischen Errungenschaften wie Radio, Plattenspieler und Fernsehgerät (dem einzigen Luxus seines ansonsten gezwungenermaßen bescheidenen Nachkriegs-Lebensstils) wie seinen Augapfel hütete. Der Hauch eines frischen Kratzers konnte ihm die Laune für einen ganzen Tag verderben.

Das war insofern tragisch, weil er gerne klassische Musik von Schallplatten hörte. Sein Versuch, Schallplatten von Staub und Kratzern freizuhalten, war selbstverständlich von vornherein zum Scheitern verurteilt. Eine Schallplatte ohne Kratzspuren und Knistergeräusche ist ein Widerspruch in sich und diesem Phantom jagte er wie ein Besessener hinterher. Neu gekaufte Platten trug er nahezu regelmäßig zum Umtausch, verwickelte den widerstrebenden Händler bezüglich der Weltlage im Allgemeinen und der aktuellen Reklamation im Besonderen in lange Gespräche und kehrte mit der umgetauschten Platte wie mit einer Trophäe heim, um sich alsbald über die nächsten Kratzer zu ärgern. Es war aussichtslos.

In seltsamem (oder doch verständlichem) Kontrast zu seinem Bestreben, wertvolle Dinge neuwertig und ohne Gebrauchsspuren zu erhalten, stand seine mit dem Alter noch zunehmende Ungeschicklichkeit. Seine Hand zitterte, wenn er den Tonarm auf die rotierende Schallplatte aufsetzen wollte, und sie zitterte umso mehr in dem Bewusstsein, dass gerade dieses Zittern die Schallplatte unvermeidlich beschädigen musste. So hatte ich schließlich, wenn ich bei ihm zu Besuch war, die ehrenvolle Aufgabe, Platten aufzulegen, Radio- und Fernsehröhren auszutauschen und durchaus auch – nicht immer einfache – mechanische

Reparaturen an seinen Geräten durchzuführen. Sogar ein extra zu diesem Zweck beschaffter Lötkolben kam einmal zum Einsatz, um einen Draht, der jeglichen Halt verloren hatte, an unzugänglicher Stelle wieder festzulöten. Ich erwarb mir mit jedem gelungenen Eingriff zunehmend mehr Reputation und Selbstvertrauen.

Zusammenfassend kann ich nach diesem sicherlich nicht erschöpfenden Exkurs sagen: Das erzwungene Aufräumen bereitete mir in meinen frühen Lebensjahren deutlich mehr Pein als die Unordnung. Dann verinnerlichte ich diesen Zwang – Psychologen können diese tiefe frühkindliche Schädigung natürlich umso besser beurteilen, je weniger sie selbst imstande sind, Ordnung zu halten. Und heute bereitet mir als traumatische Spätfolge das Aufräumen deutlich weniger Pein als die Unordnung. Das ist natürlich eine ernste Störung. Ich weiß es ja. Man hat es mir immer wieder zu verstehen gegeben.

Seither tut es mir einfach weh, wenn man Dinge aus reiner Bequemlichkeit oder gar Gleichgültigkeit beschädigt. Ein entfernter Cousin bekam große Augen, als er meine Sammlung von Karl-May-Büchern sah. Aus Kostengründen hatte ich es statt der Originalausgaben nur zu Taschenbuchausgaben gebracht. Deren bekannter Fragilität begegnete ich schon als Kind mit besonderer Vorsicht beim Lesen. Zwar eiferte ich nicht vollständig meinem Großvater nach und verwendete zum Umblättern der Seiten in der Tat kein Seidenpapier, aber es gelang mir doch, die Taschenbücher so zu lesen, dass sie danach immer noch annähernd ladenneu, fast druckfrisch aussahen.

Ich wusste, was kommen musste, und ich wusste auch, wie es ausgehen würde. Mein Cousin bat um die leihweise Überlassung meines gesamten Schatzes. Die Ausrede, dass ich gerade selbst darin lesen würde, konnte ja leider nur für ein Buch, nicht für alle gelten. Ich müsse da erst noch meine Mutter fragen, sagte ich, in der stillen und zugleich hoffnungslos unbegründeten Hoffnung, sie würde dies verbieten. Sie verbat es selbstverständlich nicht. Innerhalb der Verwandtschaft eine Bitte abzuschlagen galt als grob unhöflich. Dieser Kodex rangierte noch höher als das Diktat von Ordnung und Sauberkeit. Und so verließ mich an diesem Nachmittag mein gehüteter Schatz an Karl-May-Büchern. Mein Lächeln zum Abschied war angestrengt. Es sollte ein schlechtes halbes Jahr und länger dauern, ehe ich sie wiedersah, und auch das nur aufgrund mehrfachen, betont höflichen Nachfragens.

In welchem Zustand ich die Bücher zurückerhielt, will ich gar nicht im Einzelnen schildern. Nur die Beschreibung bestimmter, aus den Trümmern geborgener Fundstücke nach dem Zusammensturz des Kölner Stadtarchivs böte hierzu noch eine Steigerung. Mein Cousin beherrschte die Kunst, ein Taschenbuch so zu lesen, dass die billig geleimten Seiten danach büschelweise ausfielen. Dazu muss man nur – als handele es sich um eine Illustrierte oder ordinäre Zeitung – den vorderen Teil des Buches komplett nach hinten umknicken, so dass es den Buchrücken an mehr als einer Stelle zerbricht. Das so entstandene Buchpaket hat dann nicht mehr das störende Format zweier sorgfältig nebeneinander aufgeschlagener Seiten; man kann es bequem in eine Hand nehmen und entspannt im Bett oder auf dem Klo lesen.

Ich konnte meinem Cousin noch während der Rückgabe im Stillen attestieren, dass er alle acht oder neun

Bände mit besonderer Hingabe und besonders entspannt gelesen haben musste. Selbstverständlich hatte ich mich artig und ohne ein Wort der Kritik für die Rückgabe zu bedanken, auch das schrieb der Höflichkeitskodex der Familie so vor. Ich tue mir selbst heute noch leid, wenn ich daran denke, und es ist doch fast sechzig Jahre her. Zu Karl May fand ich in Sachen Lesegenuss nie wieder so richtig zurück, was zumindest aus literarischer Sicht – meinem damaligen Deutschlehrer folgend – kein allzu großer Verlust war.

Ja, ich bin gestört. Schlimm genug. Der hemmungslos ausgelebte Hang zum schonenden Umgang mit Dingen hat aber zudem eine sehr bedenkliche gesellschaftspolitische Dimension. Er ist konsumfeindlich. Noch heute gebe ich mich der Illusion hin, ein einmal gekauftes Gerät (ich bin sehr wohl bereit, einen anständigen Preis dafür zu zahlen) habe bei pfleglichem Umgang auf Jahre hinaus zu halten und müsse sich dann auch noch reparieren lassen. Nur mühsam erkenne ich an, mit dieser Einstellung nicht mehr auf der Höhe der Zeit zu sein.

Sogar der Sozialismus scheiterte an einem Rasenmäher. Warum, so stellten mein damaliger Haus-Nachbar und ich fest, sollten wir uns *zwei* Rasenmäher kaufen? Es war eine kluge Fragestellung. Rasenmäher stehen die allermeiste Zeit ungenutzt herum. Ein gemeinsamer Rasenmäher kostet nur halb soviel und steht immer noch die meiste Zeit ungenutzt herum. Wir bastelten ein kleines Gartentor in den Zaun, der unsere Grundstücke trennte, verschoben den gemeinsamen Rasenmäher ganz nach sozialistischem Bedarf, „Bedarfen" und Bedürfnissen und entwickelten überhaupt ein zunehmend klasse Bewusstsein.

Der Nachbar hatte einen Sohn, gerade in dem richtigen Alter, einen Rasenmäher demonstrativ lustlos zu bedienen. Deshalb erhielt dieser Sohn den regelmäßigen Auftrag, das Gras auf Nachbars Seite niedrig zu halten. Aus irgendwelchen Gründen waren Steine auf der Nachbarwiese besonders zahlreich verstreut. Ich kann natürlich nur vermuten, dass es daran lag, dass man nicht bereit war, sie wegzuräumen. Vielleicht hatte es ganz andere Gründe. Punktuell und wöchentlich auftretende Meteoritenschauer etwa. Man muss an alles denken. Fest steht: Rasenmäher und Steine sind nicht vollständig kompatibel. Das weiß ich jetzt. Der Nachbarssohn mähte über sie hinweg, dass es nur so eine Lust war. Die dabei entstehenden heftigen Schläge schienen ihn in seiner Aufgabe zu beflügeln. Immerhin. Der rotierende Messerbalken krachte in die Steine, verharrte erst noch ein wenig, als müsse er kurz überlegen, und verkündete dann mit umso freudiger knatternden MG-Salven seine Wiedergeburt als Presslufthammer.

Die Rasenmäher-Nutzungsgemeinschaft hielt einen knappen Sommer. So lange wie der Rasenmäher. Es war der teuerste halbe Rasenmäher meines Lebens. In der Folge gab es keine gemeinsamen Kaufüberlegungen für ein Nachfolgemodell. Ich denke, es lag allein an mir und meiner Störung. Der Sozialismus war am Ende. Inwieweit das Kommunistische Manifest in entscheidenden Teilen anders formuliert worden wäre, hätte Karl Marx in Trier oder London gemeinsam mit seinem Nachbarn einen Rasenmäher oder sonst ein nützliches, aber sensibles Motorgerät betrieben, um Kosten zu sparen und das Bewusstsein (aber nicht die Messer) zu schärfen, bleibt natürlich Spekulation.

Immerhin bemühte ich mich, meine Störung nicht hemmungslos in meiner späteren eigenen Familie auszuleben. Ob es mir, von Rückfällen abgesehen, in der Summe gelang, müssen meine Nachfahren beurteilen.

Wirklich entspannt lebe ich in dieser Hinsicht ohnehin erst jetzt im Ruhestand, ausgerechnet und umständehalber zwischen den alten Möbeln meiner Mutter, Erinnerungsstücken, die eigentlich nicht zu mir gehören, die ich schlicht aufbrauche und bei denen es mir auf eine Schramme mehr oder weniger nun auch nicht mehr ankommt.

Meine Mutter hätte dies sicher nicht gutgeheißen, ich weiß, die katholische Kirche vielleicht auch nicht, obwohl sich deren zunehmend ausbleibende Gutheißungen schon sehr früh deutlich mehr auf mein Geschlechtsleben bezogen, und Psychologen wiederum würden es nicht gutheißen, dass ich mir über Gutheißungen jedweder Art in meinem Alter überhaupt noch solche Gedanken mache. Also mache ich mir keine Gedanken mehr über die Gutheißungen der Psychologen. Irgendwo muss die Befreiung des Ichs schließlich beginnen.

Meine Not mit dem Kapitalismus

Nach André Comte-Sponville („Kann Kapitalismus moralisch sein?" – eine Empfehlung!) ist Kapitalismus im Grunde einfach nur das, was geschieht, wenn Menschen ohne Einschränkungen – ihren natürlichen Antrieben folgend – miteinander Handel treiben. Auch wenn ich persönlich seine Zutaten auf Englisch gerne *ingreedyents* nenne, ist Kapitalismus per se weder moralisch noch unmoralisch, sagt Comte-Sponville. Ein guter Denkansatz gegen Feuerköpfigkeit. Daraus ergibt sich jedoch nicht, dass wir den überzogenen Eigennutz, der kapitalistisches Handeln antreibt, und die daraus entstehenden Machtstrukturen in jedem Falle als unabänderlich, weil naturgegeben, hinnehmen müssen. Auch das sagt Comte-Sponville.

Der Mensch hat sich von der Natur entfernt – das ist vielleicht sein größter innerer Widerspruch – und er ist über die Natur hinausgewachsen – und das ist vielleicht seine größte Leistung – indem er ihr die Zivilisation entgegenstellt, wenn die Zivilisation nicht doch, wie so vieles, das uns als spezifisch menschliche Errungenschaft gilt, ihre Wurzeln ohnehin in der Natur hat. Der zivilisatorische Gedanke verlangt von uns, Racheimpulsen nicht nachzugeben, Vorurteile zu begreifen und zu überdenken, persönliche Bereicherung (so schwer es fällt) zu beschränken, sozialverträglich zu handeln, andere Meinungen zu achten, Macht zu teilen, den Menschen unveräußerliche Rechte zuzugestehen. Der Zivilisationsgedanke schränkt also auch den ungehemmten Kapitalismus zwangsläufig ein, wobei es auffällt, dass gerade dieser und seine exponierten Vertreter sich besonders schwer damit tun.

Was den Kapitalismus und in Teilen auch seine weit verträglichere Schwester, die soziale Marktwirtschaft betrifft, wollen wir nur ungern auf die in ihnen liegenden Antriebe und Möglichkeiten, also ihre Dynamik verzichten, die – wenn auch mit der bisweilen absurden Bereicherung einzelner erkauft – z.B. in Form eines sinnvollen Fortschritts der Allgemeinheit durchaus zugute kommen kann. Nun gut – *welcher* Fortschritt ist sinnvoll? könnte man fragen. Schon Carl Amery ängstigte jene „groteske Gläubigkeit, mit der wir auf den Fortschritt hereinfallen". Diese Frage wäre mehr als einen Exkurs wert. Ich vertage sie an dieser Stelle. Nur so viel: Was technisch machbar ist und Gewinn verspricht, wird auch gemacht werden, und sei es in Ländern, die bei ethischen Standards keine aus ihrer Sicht unnötigen Skrupel kennen. Damit müssen wir wohl leben, woraus ich aber nicht ableite, dass wir deshalb in Sachen technologischen Fortschritts von vornherein auf ethische Prinzipien verzichten sollten, um mithalten zu können. Vom Grundsatz her möchte ich den Fortschritt aber keinesfalls verdammen. Im Gegenteil: Wir brauchen ihn vermutlich dringend für die Entwicklung einer besseren und gerechteren Welt.

Konkurrenzdenken, Gewinnstreben und Ichsucht sind starke Triebfedern und können wirtschaftliche Entwicklungen vorantreiben, sind aber zugleich eher archaischen Ursprungs und nicht gerade verdächtig, der Verfeinerung der Zivilisation entscheidende Impulse verliehen zu haben. Andererseits aber wissen wir, dass Menschen voller Dynamik in wirtschaftlichen Dingen in der Regel nicht ausschließlich visionär und selbstlos ihr Bestes geben. Sie wollen anerkannt und (deutlich besser) bezahlt sein – zwei Währungen, die zwar umstritten, doch ganz offenbar auch notwendig sind. Dies zu leugnen hieße, die Natur des Menschen zu leugnen. Der Mensch ist tatsächlich wie er ist. Er ist kein Heiliger.

Das Misstrauen sitzt zu Recht tief gegenüber allen Weltanschauungen, die die Welt und den Menschen per verfügter Ideologie (und am Ende dann meist doch nur zwecks Machtgewinns und Machterhalts) zwangsweise und heilsam neu erschaffen wollen, weil man glaubt oder auch nur vorgibt, über den besseren Bauplan zu verfügen. Derart schreckliche Experimente gab es genug in der Geschichte. Wir sind satt davon oder sollten es zumindest sein.

Dennoch wünschte ich mir, es wäre endlich ein Ende mit diesem unglaublichen Menschheits-Skandal, dass Menschen hungern, von ihrer Hände Arbeit (wenn sie denn überhaupt welche haben) nicht leben können und trotz eines Lebens voller Arbeit im Alter (wenn sie es überhaupt erreichen) mittellos sind. Und niemand soll mir erzählen, dies sei heutzutage noch naturbedingt als unabänderlich hinzunehmen. Auf dieser Welt gibt es ja nachweislich genug zu essen für alle und Gleiches unterstelle ich beim Vermögen: Die existentiellen Grundbedürfnisse der Menschheit (Arbeit, Ernährung, Wohnen, Gesundheit, Ausbildung, Alterssicherung) sollten hierzulande und weltweit gesichert sein durch Sockelstandards, die jedem eine menschenwürdige Existenz erlauben, der seinerseits einen verantwortlichen Beitrag für das Allgemeinwohl leistet, sofern er dieses kann und hierzu in die Lage versetzt wird. Für die antreibenden Kräfte des freien Marktes wäre in den Etagen darüber doch immer noch mehr als genug Raum zur Entfaltung. Ja – ich bin naiv und manchmal sogar stolz darauf.

Der nur scheinbar harmlose und nur scheinbar wohlgemeinte Hinweis, dass der wohlhabendere Teil der Menschheit hierzulande und weltweit immerhin den Löwenanteil des Steueraufkommens bestreite und somit diese Welt ökonomisch trage, ist in Wahrheit der perfide und vergiftete Vorwurf, dass all die armen Schlucker dieser Erde nichts zum Gemeinwohl beizutragen hätten, da ihr Einkommen ja kaum für die eigene Existenz reiche. Man nehme sich vom Kuchen das größere oder größte Stück und verkläre die Tatsache, dass man es nicht schafft und leider auch nicht gestattet bekommt, es ganz alleine aufzuessen, als uneigennützig staatstragend. Zugleich bezahle man andere unanständig niedrig und laste ihnen das auch noch an. Ich vermute wohl kaum zu Unrecht, dass nahezu alle derzeit weltweit im Niedriglohnsektor Beschäftigten und weit darunter Ausgebeuteten mit größtem Stolz ihre anfallenden Steuern bezahlen und so diese Weltgemeinschaft sehr solidarisch tragen würden, wenn ein faires Einkommen dies nur zuließe.

Auch eine andere Grundsatzfrage treibt mich ökonomisch Ungebildeten immer wieder um: Warum kann man die fünfzig Cent Aufpreis pro T-Shirt, die der Näherin in Bangladesh zu einem auskömmlichen Leben verhelfen würden und die nahezu jeder Wohlstandsbürger, der noch ein Herz hat, gerne zuzahlte, bei unveränderter Handelskette und unveränderten Gewinnmargen nicht einfach auf das T-Shirt aufschlagen und direkt an die Näherin durchreichen? Warum erzählt man uns, das T-Shirt müsse für diesen Zweck in etwa doppelt so teuer verkauft werden?

Ja, ich bin naiv. Ja, ich gebe das Träumen immer noch nicht auf. Dabei bin ich gar nicht einmal extrem links, allenfalls verhalten. Im Gegenteil beschleicht mich immer wieder mal das Gefühl, dass seit Marx die Linke zwar oft die brilliantere Analyse hat, doch gleichwohl meist gnadenlos an der praktischen Umsetzung scheitert. Vielleicht hat das, wie bei allen radikalen Politikansätzen, mit einem bestimmten, nahezu religiösen Unfehlbarkeitsanspruch zu tun, der sich – erst einmal losgelassen – so gerne mit menschenverachtender, verlogener und totalitärer Indoktrination paart.

Das konservative Denken verzichtet aus tiefer Überzeugung, Misstrauen oder Bequemlichkeit auf den Ballast irdischer Utopie und sieht das als Realismus. In der Sache kommt man einer sowieso nicht wirklich gewollten gerechteren Verteilung aber auch nicht näher, weil man dies fragwürdige Bestreben ohnehin nur dann für notwendig ansieht, sollte man selbst einmal ungünstig betroffen sein. Ansonsten reichen Gebete und gute Vorsätze, Spendenaufrufe und Heilsversprechen wie der American Dream, dieses manipulierte Monopoly der vorgetäuschten Chancengleichheit, wo alle zu Millionären werden könnten, wenn sie es denn nur *wirklich* wollten und sich entsprechend anstrengten, und das zudem allen notwendigen Verlierern dieser unfairen Lotterie (also schlicht der Mehrheit) auch noch implizit unterstellt, eben *nicht tüchtig genug* gewesen zu sein in ihrem Leben. Die erfolgreiche Banken- und Geschäftswelt setzt sich dabei stets – und das sogar mit einer gewissen Koketterie – dem Verdacht aus, „tüchtig" gerne mit „skrupellos" zu verwechseln oder es zumindest mit einer sauberen Unterscheidung nicht übertrieben genau zu nehmen, wobei die zahlreichen euphemistischen Umschreibungen für Skrupellosigkeit von der *Bauernschläue* über den *angeborenem Geschäftssinn* bis zur Bewunderung des *Finanzgenies* reichen.

Vielleicht braucht es aber die *schlimmen* Beispiele, um sich bewusst zu werden, wie sehr Unternehmer und Großaktionäre im klassischen Sinne mit ihren Konzernen verbunden waren und auch heute noch verbunden sein können und so einen wichtigen Beitrag zur Stabilität und Entwicklung einer Volkswirtschaft leisten. Sie denken langfristig, gehen mit ihren Unternehmen durch dick und dünn, zeigen soziale Verantwortung und sind weit davon entfernt, schnelle Gewinnmaximierung über alles zu stellen. Ich leiste ihnen im Stillen (wenn auch nicht uneingeschränkt) Abbitte und erinnere gerne an das Leitmotiv des Firmengründers Robert Bosch: „Lieber Geld verlieren als Vertrauen."

Doch welchen übergeordneten volkswirtschaftlichen Nutzen hätten zum Beispiel Hedgefonds, die Firmenanteile allein im Sinne eines kurzfristigen Profits zusammenkaufen und denen Nachhaltigkeit und das Schicksal von Unternehmen und deren Beschäftigten, wenn sie solchem Profit im Wege stehen, herzlich egal ist? Vom Vertrauen ganz zu schweigen... Wo gesellschaftliche Verantwortung (außer gegenüber den Anteilseignern) keine Kategorie mehr ist, bleibt nur die Verantwortungslosigkeit.

Von der unfassbaren, weltweiten Macht der Großkonzerne mag ich gar nicht erst schreiben, obwohl es mich maßlos aufregt. Zu vermint ist das Terrain, zu groß das Risiko, etwas zu behaupten, das man nicht wissen oder beweisen kann. Dabei bestünde das Risiko, über die Macht der Großkonzerne etwas Falsches zu behaupten, wohl eher darin, diese Macht hoffnungslos zu unterschätzen, weil einem die Maßstäbe fehlen. Gleiches gilt für die privatstaatlichen Internet-Kontrollbehörden wie Google, Amazon und Facebook, die wir ihrer anerkannten Gemeinnützigkeit wegen besonders niedrig besteuern und denen wir aus purer Bequemlichkeit den kompletten Zugriff auf unser Innenleben lassen, ohne im Leisesten die möglichen Folgen zu erahnen oder zu bedenken.

Mindestens genauso beängstigend und unfassbar ist mir aber die Tatsache, dass weltweit durch Spekulation und Finanzwetten virtuelle Vermögen angehäuft werden, die das reale Bruttosozialprodukt dieser Erde, also die tatsächliche Wertschöpfung durch Produktion, Handel und Dienstleistungen, um ein zigfaches übersteigen. Offenbar ist längst ein von der Realität weitgehend abgekoppeltes, globales Wettbüro entstanden, dessen eingegangene Risiken gleichwohl in dieser Realität die verheerendsten Auswirkungen haben können. Geschicktes finanzwirtschaftliches und finanzpolitisches Management beschränkt sich offenbar zunehmend im Wesentlichen darauf, den Zeitpunkt des Zusammenbruchs immer wieder ein Stück weit hinauszuschieben (was für sich genommen durchaus eine beachtliche Leistung sein dürfte) und dabei zwischenzeitlich gute Gewinne für die Auserwählten einzufahren.

Und so werden denn unsere Welt und Umwelt weiterhin ruiniert, verwettet und verzockt. Es geschieht zu unserem Besten, wie man uns immer wieder versichert, aber irgendwie fällt es doch schwer, an das Verantwortungsbewusstsein und die Selbstlosigkeit der Konzerne, Banker, Macher und Spekulanten zu glauben. Das sehe ich natürlich falsch. Es ist ja gerade dieses zügellose Gewinnstreben, das letztlich, zwangsläufig und naturgesetzlich uns allen zugutekommt, denn die freien Märkte der Ichsucht regulieren sich auf wundersame Weise immer selbsttätig, und zwar ausschließlich zum Wohle aller. Wer das nicht glaubt oder hierbei durchs Raster fällt, hat sich eben nicht genug angestrengt und es deshalb nicht besser verdient. Und dass auf einer endlichen Erde unendliches Wirtschaftswachstum auf Dauer nicht funktionieren kann, vermute ich natürlich nur deshalb, weil ich von der Materie absolut nichts verstehe und mich deshalb naiverweise auf meinen – hoffentlich gesunden, aber gleichwohl auch überforderten – Menschenverstand zurückziehen muss. Ich bitte vielmals, dies zu entschuldigen.

Kindergarten

Donald, der sehr verzogene Junge sehr reicher Eltern, warf sich schreiend vor der Ladenkasse auf den Boden und trommelte mit den Fäusten. Er bekam, was er wollte: Die US-Präsidentschaft gibt es seit Neuerem als Lernspielzeug für Kinder mit Lernschwäche. Sie ist in einem wunderschönen goldenen Karton verpackt und heißt: *Learnset Oval Office.*

Darin ist ein I-Phone mit ewigem Twitter-Account, ein kleiner Mann, der immer so schön „Sieg Heil" ruft und den man sich ins Ohr stecken kann, und diese *Checks and Balances.* Ja, von Schecks versteht er etwas, der Donald, und sie müssen ja auch nicht immer gedeckt sein. Und zum Balancieren wird eine hauchzarte, blauweiß schimmernde Kristallkugel mitgeliefert: unsere Erde.

Der kleine Mann im Ohr war anfangs hilfreich, wurde dem kleinen Donald aber bald lästig, weil er mit seinem breiten Bart immer so kratzte. Die blauweiße Kristallkugel wurde in Donalds Kindergarten in der Zimmermitte an die Decke gehängt, damit sie nicht gleich beim ersten Mal herunterfiel. Das I-Phone gab Donald niemals wieder her.

Donalds Eltern wurden sehr bald in den Kindergarten einbestellt. Ihr Sohn betreibe *bullying*, sagte die Kindergartenleiterin. Was das sei, fragten die Eltern. Bullying is unwanted, aggressive behavior among school aged children that involves a real or perceived power imbalance. The behavior is repeated, or has the potential to be repeated, overtime. Both kids who are bullied and who bully others may have serious, lasting problems, sagte die Kindergartenleiterin.

Ist ja gut, sagten die Eltern, man soll den Jungen nun aber auch nicht zu sehr loben. Ferner sei noch festzustellen, sagte die Kindergartenleiterin, dass Donald nahezu regelmäßig in die Mitte des Ess-Saales kotze. Sie werde das Gefühl nicht los, dies geschehe in voller Absicht. Ein Teil der Kinder fühle sich übrigens wie befreit dadurch und klatsche heftig Beifall. Außerdem, sagte die Kindergartenleiterin, falle bei dem Jungen ein häufiges Nasebohren auf. Sie wüssten das, sagten die Eltern. Donalds Ärzte nennen es Populismus. Immer diese Fremdwörter.

Was Populismus denn genau sei, fragte die Kindergartenleiterin. Populismus sei in etwa das, was der einfache Mann beim Lösen einer Kinokarte im Schmuddelkino so denke, hätten die Ärzte erklärt, sagten die Eltern. Und was denke der einfache Mann so beim Lösen einer Kinokarte im Schmuddelkino? fragte die Kindergartenleiterin. Er denke, sagten die Eltern, für die acht Öcken Eintritt könne er ja wohl verlangen, dass an seine niedrigsten Instinkte appelliert werde.

Eines Tages kam ein neues Kind in den Kindergarten. Es war ein bisschen dicklich und hieß: Kim mit den zwei entfernten Verwandten. Onkel und Halbbruder. Donald probierte es mit bullying. Das konnte Kim auch. Deshalb traf man sich zu einer versöhnlichen Aussprache. Du hast eine tolle Frisur, sagte Kim zu Donald. Ein guter Gesprächseinstieg. Ganz meinerseits – das finde ich auch, sagte Donald zu Kim. Es entstand eine Pause, weil Kim nicht genau wusste, welche Frisur jetzt gemeint war.

Ich bin Präsident, sagte Donald schließlich, aber ich lerne das noch. Ich auch, sagte Kim. Aber mein Land ist viel größer als dein Land, sagte Donald. Aber in meinem Land kann ich machen, was ich will, sagte Kim, und alle lieben mich und alle jubeln. Donald musste im Stillen einräumen, dass er Kim darum ein wenig beneidete. Dann zeigte er Kim seinen Dienstwagen. Wir nennen ihn Beast, sagte Donald. *The Beauty and the Beast*, du verstehst? Er lachte. Man könne sogar drauftreten und er gehe nicht kaputt, sagte Donald. Kim musste im Stillen einräumen, dass er Donald um seinen Dienstwagen sehr beneidete.

Lass uns einen Deal machen, sagte Donald. Ich tausche deine Spielzeug-Atomraketen gegen meinen Dienstwagen und sage ganz laut, wie großartig du bist. Au ja, sagte Kim. Mein Volk kann mich viel mehr lieben und viel besser jubeln, wenn es weiß, wie gut ich vor ihm geschützt bin, dachte er. Aus dem Deal wurde aber nichts, weil sich am Ende herausstellte, dass Kinder gar nicht geschäftsfähig sind. Auch eine missglückte Wiederholung des Treffens änderte nichts daran. Das hätte man vorher wissen können.

Es kam der Tag, als Donald auf die Idee kam, alle Legosteine des Kindergartens für sich haben zu wollen. Deswegen gab es Streit. Er müsse eine Mauer bauen, sagte er. Mexiko werde dafür zahlen. Niemand wusste, wie er *darauf* kam. Und weil Mexiko dann auch nicht zahlte, kam es zu einer spannenden Haushaltssperre und es gab kein Gehalt für die Kindergärtnerinnen und kein Mittagessen im Kindergarten. Das war zu der Zeit, als die neue Kindergärtnerin in Donalds Gruppe kam. Sie hieß Nancy P. und man sagte, sie habe Erfahrung im Umgang mit schwierigen Kindern.

Zu diesem Zeitpunkt hatte Donald aber auch schon Erfahrung im Umgang mit schwierigen Kindergärtnerinnen. Er warf sich schreiend auf den Boden und trommelte mit den Fäusten. Dann rief er den Kindergarten-Notstand aus. Wir dürfen gespannt sein, wie die Geschichte weitergeht.

Vom Nutzen der Dinge

„Wie zahlreich sind doch die Dinge, derer ich nicht bedarf!", soll Sokrates bei einem Bummel über den Markt Athens bemerkt haben. Er war seiner Zeit damit sehr weit voraus. Die Dinge, derer man nicht bedarf, sind seither nicht weniger geworden, vorsichtig ausgedrückt. Doch dass ich ihrer nicht bedarf, bemerke ich nach wie vor erst *nach* dem Kauf, oder – vielleicht ernüchternder noch – nachdem ich sie mir gewünscht und/oder geschenkt erhalten habe und sie nun Wohnraum, Keller, Dachboden und Garage füllen und vermüllen. Ein jedes von ihnen war das uneingelöste und uneinlösbare Versprechen, mein Leben fortan schöner und mich selbst glücklicher zu machen. Die Überschreitung des Verfallsdatums dieses Versprechens hat meist schon eingesetzt, wenn ich heimgekehrt bin, um mein endlich so viel schöneres und glücklicheres Leben in vollen Zügen zu genießen. Die Verheißung, als Schnäppchen getarnt und aus der Blisterverpackung herausgequält, verweigert sich. Der frisch erworbene Gegenstand ist weder so schön noch so praktisch noch so befriedigend noch so nachhaltig wie erhofft – er entpuppt sich als genau das, was er ist: als unnützer Ballast.

Ich will nicht sagen, dass ich nach sieben Lebens-jahrzehnten nicht *zumindest etwas* daraus gelernt hätte. Offenbar aber reicht ein ganzes, geradezu wie selbstver-ständlich auf den Konsum orientiertes Menschenleben nicht aus, die Lektion in vollem Umfang zu begreifen. „Tinnef" nannten meine Eltern diese zu teuren billigen Dinge und umgaben sich dann doch gerne mit ihnen, je tiefer sie in das deutsche Wirtschaftswunderland der sechziger und siebziger Jahre hineingerieten. Und so ist das Haus mit Tinnef gefüllt. Es gibt geschmackvollen Tinnef und geschmacklosen. Der geschmacklose wird schneller aussortiert und landet, wenn er nicht gleich weggeworfen wird, in Kisten verpackt, auf dem Boden oder im Keller. Der geschmackvolle Tinnef ist ästhetisch besser getarnt und doch oft gleich nutzlos. Im-merhin kann man ihn in Einzelfällen zu „Bares für Rares" tragen.

Für den billigen Tinnef gibt es im Neudeutschen den grandiosen Oberbegriff „Deko". Ganze Ladenketten sind ausschließlich diesen Artikeln gewidmet. Wenn gutes Design der Himmel ist, dann ist Deko die Hölle des Geschmacks. Selbstverständlich werden Dekoartikel in Billiglohnländern hergestellt – unter Arbeitsbedingungen, die himmlisch zu nennen sich passenderweise von selbst verbietet. Wie muss es sich anfühlen für die Betroffenen: diese sinnlose Produktion völlig nutzloser Dinge zu Hungerlöhnen als zweifelhaftem Beitrag zum schalen Glück westlicher Kon-sumgesellschaften, die allen diesen Verheißungen zum Trotz erkennbar unglücklich sind?

Weiter noch als Sokrates soll es Diogenes getrieben haben, der seinen einzigen Becher fortwarf, nachdem er einen Jungen mit der hohlen Hand hatte Wasser schöpfen und trinken sehen, und der Alexander den Großen auf dessen (vermutlich listiges) Angebot hin, ihm *jeden* Wunsch zu erfüllen, einfach nur aufforderte, ihm aus der Sonne zu gehen. Dass er angeblich in einer Tonne lebte, sei allerdings einem Übersetzungsfehler geschuldet, heißt es – es habe sich um eine anspruchslose Hütte gehandelt. Vielleicht funktioniert Bedürfnislosigkeit in Gegenden, in denen man im Winter nicht wirklich frieren muss, ja etwas besser. Und: Ich meine mit Bedürfnislosigkeit nicht etwa Hunger und Unterversorgung, um das auf jeden Fall klarzustellen.

Bedürfnislosigkeit ist eine Kunst, die wir nicht beherrschen und beherrschen sollen. Unser auf Konsum und dem Zwang zu ständigem Wachstum beruhendes Wirtschaftssystem lässt dies nicht zu. Wer ausschert und einfach nur zu Hause bleibt – was sogar in unserer Zeit erstaunlich preiswert, wenn auch schlecht für die soziale Teilhabe ist – boykottiert damit das Gemeinwohl boshafterweise an seiner empfindlichsten Stelle: dem Umsatz als Motor der wirtschaftlichen Entwicklung.

Im Fernsehen geriet ich kürzlich in eine Sendung, deren Thematik im weitesten Sinne der Konsumverzicht war. Ein eigenartiges Argument gegen die Konsumkritik begegnete mir hier: Konsumkritik, so trug ein Fachmann vor, sei ja gar nichts Neues – ich weiß des verpassten Filmanfanges wegen nicht, wer das zuvor behauptet hatte oder hätte. Konsumkritik habe es schon immer gegeben. Schon die alten Griechen... Es tut mir leid bekennen zu müssen, dass ich dieses Argument rational nicht einordnen kann. Konsumkritik führt sich selbst ad absurdum, weil sie gar nichts Neues ist, weil es sie schon immer gab? Ein seltsamer Zirkelschluss.

Interessanter waren da die Überlegungen einer im Internet aktiven „Shopping Queen": Konsum habe eben auch etwas mit Selbstverwirklichung zu tun. Das stimmt. Ausgesuchte Kleidungsstücke und feine Möbel gehören sicher dazu. Ich habe es in meinem Leben zu immerhin *einem* Zimmer gebracht, in dem ich überwiegend von Dingen umgeben bin, die mir etwas bedeuten und von denen ich mich vermutlich nur ungern trennen würde. Sogar Tinnef ist darunter, in erster Linie aber ist es eine in die Jahre gekommene Ledergarnitur, ein „sündhaft" teurer Schreibsekretär, die Reproduktion eines Chagall-Gemäldes, eine recht gute Stereo-Anlage (mit einem Alter von über dreißig Jahren nach Auffassung von HiFi-Fachleuten allerdings mehr als schrottreif, aber die wollen mir ja auch nur eine neue verkaufen) und es sind immer noch zu viele Bücher, auf deren Kauf ich weiterhin nicht mit der gebührenden Rationalität und Klugheit zu verzichten vermag.

Könnte man den Inhalt dieses Zimmers vergleichen mit der Fülle an Dingen, die ich im Laufe meines Lebens recht überflüssigerweise gekauft und dann weggegeben oder fortgeworfen habe, entstünde eine bedenkliche, überwiegend negative „Tinnef-Bilanz". Gut, auch dieser aus heutiger Sicht längst unnütz gewordene und längst vergessene Ballast hat mir in Teilen irgendwann bei meiner „Selbstverwirklichung" geholfen, was immer ich gerade darunter verstehen wollte, oder er gab zumindest vor, solches zu tun. Ich fürchte – oder besser noch hoffe – und dies ist einigermaßen subversiv, dass kluge Selbstverwirklichung mit sehr wenigem, dafür aber besonders bewusstem Konsum auskäme.

Na klar: Diese geradezu verfassungsfeindliche Grundhaltung würde das Ende unserer Konsumgesellschaft – also den Untergang des Abendlandes – nach sich ziehen. Zum Glück sehen das die Konsumenten überwiegend genauso und lassen sich in ihrem anstrengenden und selbstlosen, aber immerhin staatstragenden Konsumverhalten nicht beirren. Dass sie nicht glücklich werden damit, liegt vielleicht daran, dass Selbstverwirklichung im wahren Sinne mit menschlicher Hingabe und Kreativität zu tun hat – mit der Liebe und dem Erschaffen eben. Also mit genau den Dingen, die man nicht kaufen kann. Das ist ja nun beileibe nicht neu. Man sollte es nur nicht allzu sehr herumerzählen.

Misskonzepte

Das Wort findet sich nicht in meinem Duden (26. Auflage) und ich kaufe mir deshalb keinen neuen. Ich habe es aus dem Englischen übernommen (misconception) und die Definition im Longman Dictionary of Contemporary English gefällt mir besonders: „…an idea, which is wrong or untrue, but which people believe because they do not understand the subject properly". Das Misskonzept beschreibt also mehr oder minder zufällig erworbene oder gedankenlos oder gar gezielt übermittelte falsche Vorstellungen der Wirklichkeit, die man teils schon seit Kindertagen mit sich schleppt – *ganze* Lügen oder (oft noch problematischer:) *halbe* Wahrheiten, die den Rest des Lebens und auch noch für künftige Generationen den Anspruch erheben werden, die *ganze* Wahrheit zu sein, auch wenn „die Wahrheit niemals das ist, was sie in einem geeigneten Augenblick zu sein vorgibt" (Umberto Eco; Der Name der Rose). „Die gefährlichsten Unwahrheiten sind Wahrheiten, mäßig entstellt", schrieb der Schlaukopf Lichtenberg in eines seiner „Sudelbücher". Besonders sympathisch war mir, als ich bei meinen Recherchen zum Thema auf die Bezeichnung *Altlast* stieß. Eine schöne Umschreibung. Man weiß, dass etwas falsch ist, aber man lässt es (großzügig resignierend) dabei, weil man es ohnehin nicht mehr ändern kann.

Spielzeug war in meinen Kindertagen ein rares Gut. Bis etwa zu meinem sechsten Lebensjahr besaß ich nicht viel davon. Umso mehr wurden die Schätze gehütet. Dazu gehörte ein hölzernes Domino-Spiel, dem eines Tages ein Stein fehlte. Der Spielstein blieb spurlos verschwunden. Mit jedem Tag erneuerter Hoffnung und vergeblicher Suche vergrößerte sich meine Not. Es flossen Tränen. Doch der Stein tauchte nicht wieder auf.

Wie jeden Sonntag besuchte ich auch in dieser Zeit mit meinen Eltern die Heilige Messe – eine für mich endlos langweilige Veranstaltung, deren Sinn mir nicht aufging. Schon früh hatte ich den Eindruck, es gehe nur darum, die Freude am (damals wirklich) einzigen freien Tag der Woche gründlich zu verderben. Ich fühlte mich sehr klein unter all den dunkel gekleideten, ernst dreinschauenden Menschen, die Gebete murmelten, einer völlig konzeptfreien Märchenerzählung lauschten – ganz ohne Könige, Prinzessinnen, Ritter, Räuber und Hexen und fern einer halbwegs spannenden Dramaturgie! – und inbrünstig Lieder sangen. Und mittendrin dann geschah es: Der Priester drehte sich zur Gemeinde, breitete seine Arme aus und rief allen Anwesenden laut und deutlich hörbar zu: „Domino – wo bist du?" Ich war vom Donner gerührt.

Der Spielstein ließ sich auch danach nie wieder blicken (was ich mit meiner heutigen Kirchenferne aber nicht in Zusammenhang bringe) und geriet umso mehr in Vergessenheit, je reichlicher die Geburtstags- und Weihnachtsbescherungen folgender Wirtschaftswunder-Jahre ausfielen. Das Misskonzept selbst hatte nur kurzen Bestand: Mein Vater konnte kaum an sich halten, als ich ihm noch während der Messe, an seinem Ärmel zupfend, meine Wahrnehmung mitteilte. Ich glaube sogar mich zu erinnern, dass er schnell den Kirchenraum mit mir verlassen musste, um die heilige Handlung nicht durch einen völlig unangebrachten Heiterkeitsausbruch zu entweihen. Bestimmt hat er mir erklärt, dass die Grußworte „Dominus vobiscum" im lateinischen Ritus nichts anderes bedeuten als „Der Herr (sei) mit euch", was meine geniale Domino-These umgehend zum Einsturz brachte.

Viele Misskonzepte entstehen ganz offenbar durch nachlässige Aussprache oder unaufmerksames Zuhören. Mit dem Nachkriegsberlin eng verbunden, da es der Wohnort meiner Großeltern war, wunderte ich mich – und da war die Dominothese gerade erst vor Kurzem in sich zusammengebrochen – dass es dort einen Radiosender namens „Senderfreis Berlin" gab. Ich dachte mir nichts dabei (an eigenartige Namen gewöhnt man sich ja leicht), bis ich das Lesen erlernte und um eine Erkenntnis reicher wurde.

Als junger Erwachsener war ich in Wien zu Besuch und mein Gastgeber bat für die Tatsache, dass er mich an einem der Nachmittage nicht werde in die Stadt begleiten können, um Entschuldigung. Da habe er nämlich seiner Mutter versprochen, sie zum *Abdecker* zu bringen. Ich lächelte höflich. Die Gebräuche eines Gastlandes soll man bekanntlich respektieren, sofern sie nicht allzu krass gegen die Menschenrechte verstoßen. Gerade in dieser Hinsicht aber war ich mir den Bruchteil einer Sekunde lang unsicher. Hatte ich die Pflicht einzugreifen? Als dann das weitere Gespräch auf die Feinheiten bei der Auswahl von

Brillengestellen kam, wurde mir klar: Der Abdecker war der *Optiker* – auf wienerisch eben.

Ich wünschte, der Mehrzahl der Misskonzepte wäre ein ähnliches Schicksal beschieden. Es wird aber genau umgekehrt sein. Einmal erlebte ich die spontane Auflösung eines Misskonzeptes mit, als ein Schüler einer neunten Klasse beim Lesen eines ihm in der Schule vorgelegten Zeitungsartikels (das Zeitunglesen gehörte in seinem täglichen Leben offenbar nicht zu seinen Kernkompetenzen) mit einem Ausruf des Erstaunens feststellte, dass die amtierende Verteidigungsministerin Ursula *von der Leyen* hieß und nicht Ursula *Fonderlein*. Ich möchte nicht wissen – oder ich möchte eben doch wissen (auch wenn es schmerzt) – wieviele Misskonzepte mich treu und unerkannt auf meinem Lebensweg begleiten. Nur wenige konnte ich vermutlich aufklären oder erhielt ich aufgeklärt und ich freue mich (wenigstens hoffe ich das!) über jede weitere Entlarvung.

Manchmal aber ist es einfach zu spät für eine Klärung: Was sagt man einem in Ehren ergrauten Zimmermannsmeister, der irgendwann einmal vor langer Zeit von Ingenieuren auf der Baustelle den Begriff „Coupon" aufgeschnappt hat, obwohl von *Kilopond* (einer inzwischen veralteten Maßeinheit der Kraft) die Rede war, und der danach über Jahrzehnte hinweg in Fachgesprächen stolz diesen Begriff verwendete – vermutlich zur stillen Belustigung seiner technisch versierteren Gesprächspartner und ohne dass ihn irgendjemand jemals auf seinen Irrtum hingewiesen hätte? Ganz klar: Man lässt ihn in seinem Glauben – genauso wie jenen anderen älteren Herrn, der statt Styropor sein Leben lang „Schtürupul" gesagt hat. Ob ich selbst längst in einem Alter bin, dass man mich gnädig mit peinlichen Richtigstellungen verschont, kann ich natürlich nicht wissen. Hin und wieder scheint es mir durchaus im Bereich des Möglichen zu liegen.

Natürlich sind vermutlich längst ganze Buchreihen zum Thema „Misskonzepte" verfasst worden. Ein (inzwischen leicht angestaubter) Klassiker ist William Lewis Hertslets „Treppenwitz der Weltgeschichte". Beeindruckt hat mich „The Book of General Ignorance" von J. Lloyd und J. Mitchinson mit dem (hoffentlich leicht übertriebenen) Untertitel „Everything You Think You Know is Wrong" (Harmony Books; New York; 2006). Ich möchte dem Thema bestimmt kein weiteres Buch hinzufügen, zumal mich der Gedanke beunruhigt, dass es ohnehin zu viele Bücher gibt. Mich interessiert in diesem Zusammenhang auch weniger die falsch überlieferte Historie. Es geht mir eher um die offenbar unausrottbaren alltäglichen Dauer-Misskonzepte, mit denen wir so lange gedankenlos hantieren, bis sie schließlich ihren Wahrheitsanspruch ausgesessen haben.

Beispiele gefällig? Gerne. Dem Gewicht ordnen wir im täglichen Leben dermaßen penetrant die falsche Maßeinheit zu, dass es bereits völlig aussichtslos geworden ist, hier das Rad noch einmal zurückdrehen zu wollen. Zugrunde liegt diesem Misskonzept eine Unsauberkeit des Denkens: Obwohl wir es als Kinder des Raumfahrt-Zeitalters besser wissen könnten, unterscheiden wir nicht hinreichend präzise zwischen den Begriffen von *Masse* und *Gewicht*. Gestützt wird das z.B. längst auch durch den Brockhaus, der das Gewicht umgangssprachlich als die durch Wägung ermittelte Masse eines Körpers bezeichnet. Die wissenschaftliche Definition folgt zwar auf dem Fuße, aber da ist es schon zu spät.

Das Gewicht ist eine *Kraft*, die uns hier auf der Erde nachdrücklich am Boden festhält und deshalb auch als *Schwerkraft, Gewichtskraft, Erdanziehungskraft* etc. bezeichnet wird. Diese Kraft wird (wie alle anderen Kräfte) in Newton (N) und Kilonewton (kN) gemessen (oder früher einmal – siehe oben – in Pond und Kilopond). Masse hingegen ist die stoffliche Eigenschaft eines Körpers (letztlich also die Summe seiner Atome oder Moleküle) und wird in Gramm, Kilogramm, Tonnen etc. angegeben. Bekanntermaßen *wiegen* wir im freien Fall oder außerhalb der Anziehungskräfte von Himmelskörpern *nichts*, während unsere Masse doch stets die Gleiche bleibt – von Feiertags-Völlereien und daraus abgeleiteten Fastenkuren einmal abgesehen.

„Ich wiege … Kilogramm" ist also im Prinzip eine falsche Aussage und müsste (vielleicht nicht ganz gentlemanlike) korrekt lauten: „Meine Masse beträgt … Kilogramm". Das ist durchaus nicht kleinlich, aber mittlerweile nicht mehr vermittelbar, schon gar nicht, wenn man bedenkt, dass das bereits nicht sonderlich charmante Übergewicht dann, noch weniger einfühlsam, zur *Übermasse* würde.

Interessanterweise wurde die korrekte Benennung noch vor hundert Jahren offenbar wie selbstverständlich gehandhabt – in alten Tabellen zu den technischen Daten von Lokomotiven z.B. taucht regelmäßig die „Dienstmasse" auf, die später – warum auch immer – zum „Dienstgewicht" umgemünzt wurde, das man gleichwohl fröhlich und physikalisch falsch weiter in Tonnen angab.

Die Physik- und Mathematikbücher an unseren Schulen hielten noch am längsten die Stellung in dem aussichtslosen Kampf um eine klare Alltags-Unterscheidung zwischen Masse und Gewicht. Dann gaben auch die

Mathematikbücher still auf; die Physikbücher werden – mit Ausnahme der Kapitel, wo es explizit um dieses Thema geht – womöglich als letzte folgen, mit der immer öfter zu hörenden Begründung, dass eine präzise Unterscheidung zwischen Masse und Gewicht im täglichen Leben hier auf der Erde entbehrlich sei. Insbesondere der Begriff des Gewichts ist inzwischen so schwammig geworden, dass man in Physikbüchern, wenn es diesbezüglich zur Sache geht, grundsätzlich lieber von der *Gewichtskraft* spricht, ganz so, als sei das Gewicht selbst alles mögliche, aber eben keine Kraft.

Wohin diese Denkungenauigkeit führt, erlebte ich als vorläufigen Höhepunkt in einer kürzlich ausgestrahlten Quizshow („Wer weiß denn sowas?"), in der die Frage gestellt wurde, auf wieviel sich das Gewicht eines Astronauten von 90 kg verringere, wenn er den Mond betrete. Die richtige Auswahlantwort sollte sein: 15 kg. Das wäre sein Todesurteil. Die Masse des Astronauten beträgt aber zu seinem Glück (wenn er denn grundsätzlich mit ihr im Reinen ist) auch auf dem Mond unveränderte 90 kg, während sich sein Gewicht in der Tat auf etwa ein Sechstel reduzieren würde – von rund 883 N auf etwa 147 N, falls ich denn richtig gerechnet habe. Wenn die Enkel des Raumfahrtzeitalters wieder in andere Welten aufbrechen, werden sie nicht mehr wissen, in welcher korrekten Messgröße sie ihre Gewichtsveränderung oder gar den Zustand ihrer Schwerelosigkeit benennen sollen.

Sie haben auch eine falsche Vorstellung von den *Bahnen*, auf denen die Himmelskörper einander umkreisen. Dieses Misskonzept beruht auf einer problematischen, aber absolut verbreiteten Visualisierung. Die Erdbahn um die Sonne z.B. wird gern als langgezogene Ellipse dargestellt

– nicht weil dies ihrer tatsächlichen Form entspräche, sondern weil man die Verhältnisse so darstellen möchte, als betrachte man das Geschehen räumlich und von der Seite her (wie man ja auch die Saturnringe im Fernrohr sehr eindrucksvoll von der Seite her beobachten kann, wo sie dann – der Perspektive wegen – das gleiche Schicksal erleiden wie jeder ordinäre Teller auf dem Frühstückstisch: Der Kreis verformt sich, lässt man die Perspektive außer Acht, in etwa zu einer Ellipse).

Als räumliche Darstellung ist das bekanntlich durchaus legitim und sieht ja auch hübsch aus, hat sich aber in der Vorstellungswelt offenbar selbständig gemacht. Dass nämlich die wahre Erdbahn – vom Zenit aus betrachtet – mit bloßem Auge von einem Kreis nicht zu unterscheiden ist (auch wenn es sich tatsächlich um eine Ellipse handelt), ist den wenigsten Menschen bewusst. Dies zieht – so vermute ich – das nächste Misskonzept gleich nach sich: Den verbreiteten Irrglauben nämlich, dass die Jahreszeiten auf der Erde durch die jeweiligen, „klar erkennbaren" unterschiedlichen Abstände der Erde zur Sonne bestimmt wären.

Ich löse dieses Misskonzept zur Abwechslung nicht auf, weil Belehrungen – leider nicht ganz zu Unrecht – meist als langweilig und irgendwie auch als überheblich empfunden werden. Mein Berufsstand (Lehrer! Wir ahnten es!) greift dann gerne mal in die neuzeitliche pädagogische Trickkiste und gibt der Klasse das Gefühl, lustig lärmend, eifrig forschend und vor allem ganz von selbst auf die richtige Lösung gekommen zu sein. Methodisch ist das auf der Höhe der Zeit, birgt aber erneut das Risiko, dass Kinder – mit ihren Forschungsergebnissen zu oft allein gelassen

– die nächste Generation von Misskonzepten erschaffen. Ein Teufelskreis, in dem Lehrer zu allem Überfluss dann auch gerne noch die eigenen Misskonzepte mit Inbrunst verteidigen.

Misskonzepte sind vielleicht deshalb so unausrottbar, weil sie nicht im Widerspruch zum gesunden Menschenverstand zu stehen scheinen. Mein (vom Gegenüber durchaus unerwünschter) Versuch, einem Mitmenschen zu erläutern, dass die *Ziffern der Nachkommastellen* einzeln nacheinander gesprochen werden müssen, also „siebzehn Komma eins vier" und nicht „siebzehn Komma vierzehn", stieß auf großes Unverständnis. Ich versuchte es mit dem Hinweis, dass man statt „siebzehn Komma vierzehn" mit dem gleichen Recht ja auch durch das immer erlaubte Anhängen einer oder mehrerer Nachkomma-Nullen „siebzehn Komma einhundertvierzig" oder „siebzehn Komma eintausendvierhundert" sagen könne, was die Logik doch wohl etwas strapaziere. Das verfing gleichfalls nicht. Ich hinterließ – und auch das nur mit schlechtem Gewissen – erst dann etwas Ratlosigkeit, als ich fragte, wie man denn die Zahl 17,014 aussprechen solle.

Nun ja – in den Nachrichten sind die „zwei Komma fünfundzwanzig Prozent Preissteigerung" und die „einundsechzig Komma fünfundsiebzig Prozent Wahlbeteiligung" ein Klassiker. Da ist nichts zu machen. Gut – bei Preisen gibt es kein Problem, denn „zwei fünfundsiebzig" als Antwort auf die Frage: „Was kostet das?" ist ja nur die Kurzform von „zwei Euro und fünfundsiebzig Cent" und Preise ganz allgemein bringen es in der Regel nicht auf mehr als zwei Nachkommastellen – von den Tankstellentricksereien einmal abgesehen. Und auch fünfzehn Meter sechsunddreißig und

vier Uhr achtundzwanzig sind aus den gleichen Gründen
völlig in Ordnung. Aber dann ist wirklich Schluss.

Als eines der neuesten Misskonzepte machen sich
Preisangaben mit zwei Kommas breit. Immer öfter sehe
ich Preisschilder wie: 19,95,- €. Ich weiß nicht, was genau
dahintersteckt und will auch gar nicht spekulieren. Soviel
nur: Es ist falsch. Mir ist sogar aus dem Fernsehen ein Fall
bekannt, wo dieses Misskonzept nachhaltige Folgen hatte
(ich verfremde die Umstände): Bei einer Banküberweisung
wurden aus einem Betrag von – sagen wir – „25,75,- €" dank
elektronischer Bearbeitung 2575,- €, vermutlich sehr zum
Ärger des Überweisenden und sehr zur Überraschung der
Firma, die diesen Betrag gutgeschrieben erhielt. Leider sah
sich diese Firma dann aber (wegen bereits fortgeschrittener
finanzieller Turbulenzen) nicht in der Lage, die fehlerhafte
Buchung rückgängig zu machen. So flossen die 2575,- € in
die Konkursmasse. Ein teures Komma. Seit einiger Zeit ist
es (zumindest bei meiner Bank) nicht mehr möglich, am
Bankautomaten oder online zwecks Überweisung einen
Geldbetrag einzugeben, der auf ein ‚- € endet. Glatte Euro-
beträge müssen mit –,00 € vermerkt werden. Hier vermute
ich einen Zusammenhang.

Falls Sie beim Thema Banküberweisung gerade
an Ihre Stromrechnung denken, ist es mir nun wirklich
schon fast peinlich darauf hinzuweisen, dass gemäß dem
physikalischen Erhaltungssatz der Energie dieselbe nicht
verbraucht werden kann, ebenso wenig, wie Energie sich
aus Nichts herstellen lässt. Es gibt (von der Kernenergie
abgesehen) nur die Umwandlung einer Energieform in eine
andere, bis irgendwann alles als Abwärme ins Universum
entflohen ist – ein Prozess, den Physiker Entropie nennen

und der für unseren Planeten nur deshalb vorerst noch nicht tödlich endet, weil unsere Sonne dank Einsteins genialer Unterstützung tatsächlich ständig neue Energie bereitstellt – und das auch noch im Überfluss – , die sie dankenswerter Weise aus ihrer eigenen Masse gewinnt. Dies Wissen hilft dem pausenlos Energie umwandelnden „Verbraucher" allerdings nicht. Zahlen muss er – zu recht – trotzdem.

Mit der Verwendung des Begriffes „Energie-Umsatz" wären zumindest alle sprachlichen Energieprobleme auf einen Schlag gelöst. Die Biologie verwendet übrigens für einen analogen Sachverhalt den genialen Begriff *Stoffwechsel*. Damit gerate ich aber nun wirklich in Teufels Küche, denn auch Stoffe lassen sich eben bei genauer Betrachtung nicht „verbrauchen", sondern nur bezüglich ihrer physischen Struktur oder chemischen Zusammensetzung umwandeln, was aber (zu früh gefreut!) leider meist bedeutet, dass sie von einer nützlicheren Form (z.B. Brennstoff) in eine deutlich nutzlosere Form (wie Abgase und Asche) überführt werden. Wenn sich die „Nutzbarkeit", also die Qualität von Materie und Energie verringert, dann wird diese Qualität in einem weiteren Sinne tatsächlich „verbraucht" – obwohl Masse und Energie dabei erhalten bleiben oder im speziellen Fall sogar nullsummenartig ineinander überführt werden – und ich könnte mich deshalb zu einem „Verbraucherschützer" zweiten Grades bekehren. Mir schwirrt der Kopf.

Auch die *Atomkraft* ist in Wahrheit die *Kernkraft*, weil nämlich: genau die Kraft, die den Atomkern zusammenhält. Gegen ihre Nutzung zu protestieren hat meine volle Sympathie. Nur sollte man dabei dann doch nicht soweit gehen zu unterstellen, Industrie, Politik und Wissenschaft hätten die Atomkraft mit Absicht in Kernkraft umbenennen wollen, weil das harmloser klinge. Das habe ich mir nicht ausgedacht, muss eine Quelle aber (außer: „irgendwann" im Fernsehen) schuldig bleiben.

Die *Theorie* erleidet als Alltags-Misskonzept ein besonders schweres Schicksal. Sie wird stets munter der *Vermutung* gleichgestellt bis hin zur gängigen Abwertung: „Das ist ja alles bloß eine Theorie!" – gerne bezogen auf die Evolutions- oder die Relativitätstheorie. Dabei handelt es sich bei einer Theorie um ein wissenschaftliches, durch *Denken* gewonnenes Lehrgebäude – also so ziemlich dem krassesten Gegenteil einer Vermutung. Endgültig hanebüchen ist die Begriffsbildung der „Verschwörungstheorie", weil es hier in der Tat um nichts anderes als ein Vermutungs- und Wunschkonzept geht, zu dem grundsätzlich nur *die* Puzzleteile zugelassen werden, die versprechen – geeignet interpretiert – zum gewollten Ergebnis zu passen. Ein wissenschaftliches Lehrgebäude entsteht *so* nicht. Der Vermutung am nächsten stünde im Übrigen die *These*, definitionsgemäß ein Satz, der erst noch bewiesen werden muss. Immerhin – Theorie und These klingen ähnlich. Da kann schon mal etwas durcheinandergeraten.

Dass die *Evolutionstheorie* schon deshalb falsch sein müsse, weil etwas so Komplexes wie die Natur nicht allein durch Zufall entstanden sein kann, ist im zweiten Teil der Aussage durchaus richtig. Das Misskonzept beruht darauf, dass man beharrlich ignoriert, dass die Evolution durch *zwei* Faktoren bestimmt wird, dem Zufall (der Mutation) und der *sehr zielstrebigen* Steuerung (durch die Auslese). Diesem Misskonzept wird ein besonders langes Überleben gesichert sein, da es offenbarungstreuen Fundamentalisten als Gottesgeschenk wie gerufen kommt.

Falsch aufgefasst wird auch die *Kritik* – nämlich als grundsätzlich negativ und bemängelnd. Es handelt sich jedoch ganz neutral um die Beurteilung oder Besprechung einer (z.B. künstlerischen) Leistung. Ein Kritiker darf durchaus loben, auch wenn er das vielleicht nicht so oft tut. Rufen wir also dem ängstlichen Mitmenschen, der „um Himmels willen keine Kritik üben will", zu: Doch, das *willst* du! Und das *sollst* du auch!

Glückwünsche sind in die Zukunft gerichtet und ergeben deshalb, etwa zu einer bereits bestandenen Prüfung ausgesprochen, wenig Sinn. Gemeint war wohl eher die *Gratulation* im Sinne einer Anerkennung. Der *Amtsschimmel* wiehert nach wie vor, obwohl es sich bei ihm um einen *Pilz* handelt, der die vernachlässigten Akten befallen hat. Das – auch durch tiefstes Nachsinnen nicht annähernd zu erlangende und eher fragile – *Selbstbewusstsein* wird ständig bemüht, wo doch, im Sport und der Politik zum Beispiel, das durchaus kritiklos große *Selbstvertrauen* gemeint ist. Zu einem Vorschlag oder Vorhaben kann es im Wortsinne nur *eine Alternative* geben, weil das lateinische Wort „alter" „der eine oder der andere von beiden" bedeutet. Die vielbeschworene einzige Alternative zu irgendetwas ist also genau wie die oft bemühten beiden Alternativen in Wahrheit eine doppelt gemoppelte Tautologie, was in dieser Formulierung natürlich wiederum eine Tautologie, also doppelt gemoppelt ist. In Rateshows *tendieren* die Kandidaten ohne Unterlass zwischen mehreren Möglichkeiten, und meinen damit, dass sie in ihrer Entscheidung noch schwanken. Tendieren kann man aber nur in eine Richtung.

Mit ihrer Nordspitze „tendieren" magnetische Kompassnadeln nur deshalb in Richtung Norden, weil in einiger Entfernung zum *geografischen Nordpol* aktuell der *magnetische Südpol* im kanadisch-arktischen Archipel auf unsteter Wanderschaft ist. Ein wenig verschämt drücken sich Kartografen um die vielleicht irritierende korrekte Benennung, indem sie lediglich einen unklar definierten „magnetischen Pol" in ihre Karten eintragen. Auch eine in immerhin absehbarer Zukunft zu erwartende Polumkehr – also die spontane Umpolung des Magnetfeldes der Erde – zwischen voraussichtlich Ende nächster Woche bis in vielleicht einigen hunderttausend Jahren wird nichts bessern, sondern nur neue Misskonzepte nach sich ziehen – begleitet von deutlich tiefgreifenderen Problemen, neben denen sich diese Misskonzepte dann wenigstens sehr bescheiden ausnehmen werden.

Dass der *Arbeitgeber* in Wahrheit der *Arbeitnehmer* ist und umgekehrt, erschließt sich schnell, wenn man einen Augenblick darüber nachdenkt. Natürlich glaube ich nicht im Entferntesten, dieses Misskonzept ließe sich jemals noch aus der Welt schaffen. Am Ende würden die Gewerkschaften zu Arbeitgeberverbänden – und das wäre doch geradezu...

Anarchie ist, auch politisch zweckdienlich, wie ich vermuten muss, selbst in gängigen Nachschlagewerken zum Synonym schlechthin für Gesetzlosigkeit, Umsturz und Chaos geworden und stammt doch, unsauber abgegrenzt, vom Begriff des *Anarchismus*, also der tiefen und idealen, wenn auch vielleicht ein wenig utopischen Überzeugung,

146

dass Menschen nicht Herrschaft über Menschen ausüben sollen. Gewiss – auch in der kurzen Geschichte des Anarchismus gab es die revolutionären Exzesse; die Zeiten und die Verhältnisse waren wohl so. Die *reine* Idee des Anarchismus aber hat für mich etwas viel Anziehenderes als z.B. der Kommunismus mit seiner totalitären Indoktrination im Marschgepäck. Randalierende Ultras als *Anarchos* zu bezeichnen, scheint mir geradezu eine Beleidigung des politischen Anarchismus, üben diese Chaoten doch mit Leidenschaft und ohne Not die schlimmste Herrschaft aus, die man Menschen überhaupt antun kann: die Herrschaft der Gewalt.

Die durchaus positiv zu sehende *Autorität* (wenn es sich denn um wahre Autorität handelt) kennt keine überzeugende Entsprechung in einem Adjektiv (*autoritativ* meint das Richtige, ist aber ungebräuchlich und daher missverständlich), während das eindeutig (und zu Recht) negativ besetzte Adjektiv *autoritär* wiederum kein gebräuchliches Nomen als Partner aufweist – der *Autoritarismus* käme dem Gemeinten am Nächsten, aber wer redet so? Die hieraus sich ergebenden Misskonzepte bis hin zur gedanklichen Gleichstellung der Begriffe „Autorität" und „autoritär" haben insbesondere die 68er-Generation befeuert – sicher nicht ganz zu Unrecht, aber gerne mit leider unpräziser bis falscher Wortwahl und daraus resultierender Abwertung der Autorität schlechthin.

Das Gegenstück zur *Warmblütigkeit* der Vögel und Säugetiere ist nicht die *Kaltblütigkeit*, mit der man doch (im Gegensatz zur *Heißblütigkeit*) wohl eher ein Temperament umschreiben will, sondern es sind die *wechselwarmen* Tiere, deren Körpertemperatur mangels eines effizienteren Kreislaufsystems in etwa der jeweiligen Umgebungstemperatur entspricht und nur durch ausgiebige Sonnenbäder oder heftige Muskelbewegung vorübergehend darüber hinaus angehoben werden kann. Sogar der mir vorliegende Brockhaus (2004) verweist beim Stichwort „wechselwarm" auf die Kaltblüter(!), um dort in der Definition des Begriffs den Sachverhalt dann wieder geradezurücken. Falls wir aber zu den Temperaturen im engeren Sinne kommen wollen, dann wäre schnell noch klugscheißend festzustellen, dass 20°C nicht *doppelt so warm* sein können wie 10°C. Diese Behauptung würde bereits in demselben Augenblick in sich zusammenfallen, wo wir auf eine andere Temperaturskala wechseln und wäre physikalisch betrachtet ohnehin ohne Aussagekraft.

Die *Erkältungskrankheiten* werden weiter grassieren, obwohl sie nicht im Mindesten etwas mit einer Unterkühlung der Infizierten zu tun haben, sondern schlicht durch Ansteckung, also den Kontakt mit den entsprechenden Krankheitserregern erworben werden. Immerhin weiß man jetzt, dass Influenza-Viren in der kalten Jahreszeit widerstandsfähiger und somit ansteckender sind als in sommerlicher Wärme, während unsere Schleimhäute im Winter schwächeln, was diesem Misskonzept eine gewisse Plausibilität verleiht.

Die *Platzangst* ist die Angst vor dem Überschreiten offener Plätze (Agoraphobie) und somit das schiere Gegenteil dessen, was Menschen mit dem Gebrauch dieses Begriffs ausdrücken wollen: der Angst vor dem Eingeschlossensein auf engstem Raume (Klaustrophobie), die einen z.B. in *Aufzügen* befallen kann, welche man gerne inkorrekt *Fahrstühle* nennt (ich kann mich bis heute nicht umgewöhnen). Der *Tannenzapfen* fällt – im Gegensatz zum Fichten- oder Kiefernzapfen – niemals als ganzes Teil zu Boden und lässt sich daher nicht einsammeln und zu Bastel- oder Dekorationszwecken nach Hause tragen. Die Rose trägt keine *Dornen* sondern *Stacheln*. Der *Stoßdämpfer* ist ein *Schwingungsdämpfer* und die *Glühbirne* ist eine *Glühlampe*. Die weißes Licht ausstrahlenden *Leuchtstoffröhren* sind nicht allein deshalb schon *Neonröhren*, weil sie gerne so genannt werden. Neonröhren leuchten wegen des in ihnen enthaltenen Edelgases Neon orangerot und wurden früher mit Vorliebe für Reklamezwecke eingesetzt.

Eine *Spirale* ist definitionsgemäß eine ebene, nach außen wachsende Kurve und gleicht damit einer Uhrfeder, die Wendeltreppe windet sich hingegen *schraubig* (ins nächste Stockwerk) und hat dies u.a. mit der DNA und vielen anderen Strukturen in unserer Umwelt gemeinsam, die wir gerne und falsch als spiralig bezeichnen. Eine „Abwärtsspirale" kann es per definitionem ebenso wenig geben wie ihr Gegenstück. Ebenso könnten die Begriffsbildungen der *Rüstungsspirale* und der *Spirale der Gewalt* vor diesem Hintergrund noch einmal überdacht werden – auch ohne dass man hierfür die Daumenspirale anlegen muss.

Der *Quantensprung* bezeichnet in jedem Fall einen extrem kleinen, wenn nicht gar den kleinsten möglichen Sprung überhaupt, wird aber als Begriff gerne bemüht, um einen epochalen Fortschritt zu umschreiben. Die *Astronauten* werden noch auf Generationen hinaus ihren dem Namen nach erhobenen Anspruch verfehlen, zu anderen Sternen zu reisen (die Kosmonauten und Raumfahrer sind in dieser Hinsicht besser davor; aber sind wir nicht alle Kosmonauten und Raumfahrer?) und aus demselben

Grunde sollten die *Asteroiden* besser *Planetoiden* heißen, während in einem *Planetarium* neben den kompliziert darzustellenden Planeten(bahnen) doch wohl in erster Linie der Sternenhimmel zu bewundern ist. Und ein Sinn lässt sich nicht *machen*, von wem auch immer, den lieben Gott vielleicht ausgenommen. Die inflationäre Verwendung des Adjektivs *genial* hingegen scheint mir über ein Misskonzept hinauszugehen – ich empfinde sie eher als sprachlichen Missbrauch der besonders unbedachten Art.

Bliebe mir zum Schluss noch ein Herzensanliegen: die aktuell wieder auffallend grassierende *Entschuldigung*. Allenthalben, bis weit in die Nachrichtensendungen und Printmedien hinein schaffen es (mehr oder minder) zerknirschte Zeitgenossen, sich „zu entschuldigen" oder sich eben enttäuschenderweise „nicht zu entschuldigen". Nur: Das ist gar nicht möglich. Für ein Unrecht, das ich begangen habe, kann ich mich nicht entschuldigen (basta!) – ich kann nur *um Entschuldigung bitten*. Entschuldigen heißt ja soviel wie: „eine Schuld vergeben" oder „eine Schuld von jemandem nehmen". Das kann aber – logischerweise – allenfalls das Opfer, nicht der Täter. Auch auf dem Bankensektor käme eine so gehandhabte Entschuldung schlecht an („...hiermit erkläre ich mich mal von ganzem Herzen für schuldenfrei"), obwohl ich in diesem speziellen Fall über eine Ausnahme mit mir reden ließe. Im Übrigen kommt bei dem analogen Begriff der *Verzeihung* zum Glück noch kein Mensch auf die Idee, reumütig zu erklären: „Das möchte ich mir jetzt aber in aller Form verzeihen!" Und wohl noch kein Vorstand der Welt hat sich bei einer Jahreshauptversammlung selbst entlastet – obwohl, also, halt mal: Mag sein, dass gerade dies de facto doch häufiger geschieht... Das muss ich mir also angesichts meiner Naivität in Wirtschaftsfragen noch einmal etwas genauer überlegen.

Hat man ein sprachliches Misskonzept aber trotz besserer Einsicht so liebgewonnen, dass man nur noch ungern von ihm lassen möchte, gibt es einen ebenso unverhofften wie ganz realen Hoffnungsschimmer: Man wartet einfach darauf, dass die Duden-Redaktion für richtig erklärt, was nur lang und häufig und verbreitet genug falsch gesagt und falsch geschrieben wurde. Die *Untiefe* bekommt dann ganz offiziell zwei einander völlig gegensätzliche (!) Bedeutungen zugeteilt, die *Unkosten* werden den Kosten gleichgestellt, der Bedarf erhält endlich, wenigstens im geschäftlichen Umfeld, seine lang ersehnte, in meinen Ohren fürchterlich schräg klingende Mehrzahl: die *Bedarfe* – und so weiter. Das nennt man – glaube ich – die normative Kraft des Faktischen. Gute Chancen also für die *Indentifikation*, das *Hochsterilisieren von Problemen* und die *humanistischen Katastrophen*, um nur ein paar Anwärter zu nennen. Vielleicht darf man auch irgendwann einmal endlich ungestraft das Wort *intrigieren* benutzen, wenn man *integrieren* meinte, im Restaurant das *Gratin* mit dem *Kretin* verwechseln oder energisch *prostituieren*, obwohl man doch *protestieren* wollte. Nur *multivieren* statt *motivieren* wird sich trotz erster zaghafter Ansätze wohl so schnell noch nicht auf ganz breiter Front durchsetzen.

Hin und wieder lässt sich beobachten, dass Misskonzepte erkannt und in der Folge vermieden werden. Die begriffliche Absurdität der *Schwangerschaftsunterbrechung* etwa wich der korrekten Bezeichnung *Schwangerschaftsabbruch*. Immer wieder gelang es terroristischen Gruppen, in den Nachrichtensendungen ständig, zumindest verbal –

jedoch völlig sinnfrei – „die *Verantwortung*" zu übernehmen für ihre brutalen Anschläge mit vielleicht hunderten oder gar tausenden unschuldiger Opfer. Lange dachte ich mir nichts bei diesem Sprachgebrauch, doch dann fragte ich mich irgendwann, was ich mir – bei näherer Betrachtung – unter dieser Art von „Verantwortung" eigentlich vorstellen solle. Das fragten sich offenbar auch andere und deshalb lautet die deutlich bessere Sprachregelung jetzt, dass sich eine bestimmte Terrorgruppe zu einem verübten Anschlag „bekannt habe" oder diesen „für sich reklamiere".

Es ist gleichfalls keine gute Idee, im Zusammenhang mit einem gerade erfolgten Terroranschlag oder anderen Katastrophen davon zu sprechen, dass man die Angaben über die Opferzahlen vorerst noch „mit Vorsicht *genießen* müsse". Dies dürfte unlängst wenigstens einem der Verantwortlichen noch im Verlaufe einer solchen Berichterstattung aufgefallen sein und so hatte sich die unbedachte Formulierung schon eine Stunde später erledigt. Der fragwürdigen Feststellung des Günther Oettinger: „Man muss leider *befürchten*, dass die Dinge nun in Gottes Hand liegen..." hätte ich ähnliches gewünscht.

Man sieht: Der Kampf gegen Misskonzepte ist nicht aussichtslos. Er muss auch nicht in Besserwisserei oder gar Glaubenskriege ausarten. Denn niemand ist frei von Misskonzepten – kein einzelner und kein Zeitalter. Das sollte uns bescheiden machen. Die Dunkelziffer unerkannter Misskonzepte dürfte groß sein, dessen bin ich mir in Bezug auf meinen eigenen Kenntnisstand durchaus bewusst. Und was ich hier aufgelistet habe, sind in ihrer Mehrzahl irgendwann einmal meine eigenen geliebten Misskonzepte gewesen. Schon deshalb ist es klug, Misskonzepte in aller

Bescheidenheit zu bekämpfen. Oder mit einem fröhlichen Lachen über einen verlorenen Domino-Stein: Der Herr sei mit euch!

Miss Gelaunt

Diesmal komme ich auf eine besondere Spezies Mensch zu sprechen: die ältere Dame, die hinter der Theke, dem Tresen, dem Schreibtisch ein Berufsleben lang den Kundenkontakt gehalten hat und noch hält, obwohl ihre beste Zeit diesbezüglich erkennbar vorüber ist. Männer in diesen Positionen sind seltener. Sie haben es sich vermutlich längst in den Hinterzimmern gemütlich gemacht und leiten von dort die betreffende Einrichtung oder Abteilung. Frauen wurden meist zu einer anderen, familienbezogeneren Lebensplanung genötigt und dürfen deshalb im Alter für weniger Geld den beschisseneren Job machen. Fast verständlich, wenn dann diese Frauenkrankheiten auftreten – die Schönheitswettbewerbe der besonderen Art: Miss Gelaunt, Miss Billigend und Miss Verstanden treten (oder sitzen) mir gegenüber – und ihr Universum ist der Kotzmotz.

Natürlich sind nicht alle so. Längst nicht. Die sich trotz allem ein freundliches oder gar fröhliches Wesen bewahrt haben, kommen selbst in diesem Text zu kurz. Irgendwie trägt das ja auch zur Rechtfertigung derer bei, die sagen: Wir machen nun mal kein freundliches Gesicht dazu, dass wir im Leben untergebuttert worden sind.

Ganz bestimmt gibt es eine geschlechtsspezifisch weibliche Form des Untergebuttertwerdens in unserer Gesellschaft. Es gibt aber auch eine geschlechtsspezifisch männliche Form: den Mann nämlich, der es zu nichts gebracht und der nichts zu sagen hat (also schlicht die Mehrheit) und der gesellschaftspolitisch noch nicht einmal seine Geschlechtszugehörigkeit dafür verantwortlich machen kann. Immerhin verdient er wohl im Schnitt mehr als die Frau bei gleicher Arbeit und das ist natürlich ungerecht. Ein gewisser Ausgleich tritt unter Umständen ein, wenn er diesen Verdienst komplett zuhause bei seiner Gattin abliefern muss, die ihm zum Dank dafür ständig ihre gesellschaftliche Benachteiligung vorhält. Darauf reagiert der Mann, wenn seine Klaviatur begrenzt ist, laut und plump und machohaft. Aber ich schweife ab und verirre mich zudem auf vermintem Terrain. Das ist nicht klug.

Unter Berücksichtigung des eben Geschriebenen muss ich gestehen, dass ich nicht genau weiß, wie fair es ist, meinem Ärger über bestimmte, möglicherweise sehr weibliche Ausprägungen des Umgangs mit Kunden Luft zu machen. Andererseits habe ich als eben dieser Kunde keine Lust auf eine genervte, herablassende, ignorante oder gar gemeine Behandlung.

Ich beginne mit einem sehr extremen Beispiel, das mir in den USA widerfahren ist, als ich für einige Jahre aus familiären Gründen dort lebte. Da das Verfahren für meine endgültige Aufenthaltsgenehmigung noch andauerte, durfte ich das Land – selbst, um den achtzigsten Geburtstag meiner Mutter zu feiern – nur mit einer Sondererlaubnis verlassen. Zu diesem Zweck verbrachte ich wartend zwei volle Arbeitstage in den Räumen und Gängen der zuständigen Behörde in New York. Der ganze Ablauf war – man darf es mir glauben – darauf angelegt, es dem Antragsteller so schwierig und umständlich und unangenehm wie möglich zu machen. Schließlich aber, im Laufe des zweiten Tages, gelangte ich doch in den Raum, in dem die Entscheidungen verkündet wurden. Es war ein Wartesaal mit vielleicht hundert Stühlen, voll besetzt mit Menschen, die das gleiche Anliegen mit mir teilten. Von Zeit zu Zeit (es konnten Stunden vergehen und man wusste nie, wann) erschien ein Tribunal, um neue Urteile zu verkünden. Vorsitzende war eine ältere Dame mit – vorsichtig ausgedrückt – rüder Tonlage. Ein weiblicher Zerberus vom Allerfeinsten. Vor allem Antragsteller, denen die Ausreisegenehmigung verweigert wurde, brüllte sie öffentlich derart zusammen, dass es nur so eine Lust war. Fragen zu stellen oder gar Widerworte zu wagen erschien wenig ratsam und schon gar nicht erfolgversprechend. Eine junge Frau, die einmal zu viel darauf hinwies, dass ihre Mutter im Sterben läge, was doch immerhin ein Arzt bescheinigt habe, erhielt Auskunft in Form einer Schreiattacke: „Na und? Haben Sie den Totenschein dabei?"

Obwohl *ich* den Totenschein meiner damals noch sehr lebendigen Mutter nicht dabeihatte, wurde mir übrigens eine Ausreisegenehmigung erteilt. Nun ja – auch Willkür zu meinen Gunsten bleibt Willkür. Ich hätte insoweit zufrieden sein können, aber mir ging nicht aus dem Kopf, wie diese groteske Verwaltungsangestellte zu dem hatte werden können, was sie geworden war. Im Grunde tat sie mir leid. Es stellt sich ja nicht nur die Frage, was sie in ihrem

Berufsleben *anderen* angetan hat, sondern auch, was sie *sich selbst* damit angetan hat.

Ein gutes Jahr später hatte ich erneut einen Termin in jener Behörde, um meine letztlich bewilligte Aufenthaltsgenehmigung als „permanent resident" in Empfang zu nehmen. Meine Gefühle waren gemischt, doch es empfing mich eine junge Kommissarin in ihrem Büro, fast engelgleich und umwerfend sympathisch. Zum Abschied gab sie mir den Rat mit auf den Weg, mit einem Antrag auf endgültige Einbürgerung nun nicht mehr allzu lange zu warten. „Sie sind willkommen!", hieß das doch wohl und es fühlte sich gut an. Nein, ich kann mir nicht vorstellen, dass diese Dame in dreißig Jahren den Zerberus geben könnte. Himmel und Hölle haben ausreichend Platz in ein und derselben Behörde.

Mit Behörden habe ich in Bezug auf ältere Verwaltungsangestellte auch in Deutschland nicht die besten Erfahrungen. Das Wort „Bürgernähe" ist möglicherweise ein Propagandabegriff der siebziger Jahre des vergangenen Jahrhunderts und sich auf ihn – auch nur indirekt – berufen zu wollen erzeugt in Verwaltungen jenes herablassende Grinsen, das jedem Außenstehenden gewiss ist, der zwischen Theorie und Praxis nicht hinreichend zu unterscheiden weiß. Die interne, in enger Zusammenarbeit mit Franz Kafka entwickelte Dienstvorschrift für ältere weibliche Verwaltungsangestellte zur Abwicklung eingehender Telefongespräche stelle ich mir in etwa so vor:

1. Weise den Anrufer gleich zu Beginn darauf hin, dass er schon deshalb wieder mit der falschen Abteilung spricht, weil er offenbar zu dumm ist, die klare Struktur einer Verwaltung zu begreifen. Dieser Gesprächseinstieg eignet

sich im Übrigen genauso gut, wenn der Bürger zufällig in die richtige Abteilung durchgestellt wurde.

2. Vermeide jeden leisesten Anflug von Freundlichkeit. Zeige Ungeduld. Erzeuge Nervosität am anderen Ende der Leitung. Verwende eine spitze, nur knapp beherrschte Tonlage, die jederzeit verspricht, in schrille Hysterie umzuschlagen.

3. Reagiere besonders empfindlich auf aus Unkenntnis falsch verwendete Begriffe aus dem verwaltungsinternen Behördendeutsch, auch wenn du genau weißt, was der Anrufer meint, und leite daraus ab, dass der Anrufer in Bezug auf den von ihm vorgetragenen Sachverhalt ganz offensichtlich keine Ahnung hat.

4. Nimm keinerlei Stellung zum vorgetragenen Anliegen und zeige auf keinen Fall irgendeine auch nur entfernte Form von Verständnis für die Probleme und Sorgen des Bürgers.

5. Verblüffe ihn mit nicht nachprüfbaren oder ausgedachten Behauptungen. Logik ist hierbei keine Kategorie.

6. Beharre darauf. Lass dich auf keinerlei Diskussionen ein.

7. Erkläre, dass du das Anliegen umgehend an die zuständige Stelle weiterleiten wirst, auch, wenn du selbst die zuständige Stelle bist.

8. Versichere dem Anrufer, dass er bezüglich seines Anliegens keine weiteren Informationen zu erwarten habe.

Ob in seiner Angelegenheit etwas geschehe oder nicht, werde er ja merken. Nachfragen seien grundsätzlich kontraproduktiv.

9. Bestätige ihm mehrfach, dass abzuwarten das Einzige sei, was zu tun bleibe. Erkläre ihm, dass, wenn nichts geschehe, die Verwaltung selbstverständlich aus guten Gründen so handele. (Auch Nichtstun ist ja eine Form des Handelns.)

10. Freue dich, dass der Anrufer in seiner Aufregung vergessen hat, nach deinem Namen zu fragen und vergiss den Anruf gleich darauf bei einer Tasse des üblichen schlechten Kaffees.

Grundsätzlich gilt: Es ist per se ein unfreundlicher Akt, wenn Bürger oder Kunden, *nur weil sie ein Anliegen haben*, einer älteren Beamtin oder Angestellten aus purem Eigennutz zusätzliche Arbeit machen wollen. Millionen Jahre hat die Evolution an entsprechenden Abwehrmechanismen gefeilt. Die sogleich reflexhaft ausgesandten nonverbalen Botschaften lauten: „Muss das jetzt sein? Sehen Sie nicht, dass ich zu tun habe? Da kann ja jeder kommen! Woher soll ich das wissen? Das wäre ja noch schöner! So geht das nicht!"

In diesem Sinne sind auch Geldinstitute Verwaltungsbehörden durchaus ähnlich. Nachdem man jahrzehntelang die standardmäßigen Dienstleistungen (Geld abheben, Geld einzahlen, Überweisungen vornehmen), also die ganze mühsame Kleinarbeit und die damit verbundenen Risiken zunehmend erfolgreich dem Kunden zugeschoben hat, nicht ohne zum Ausgleich dafür Zweigstellen zu schließen, Sparzinsen zu senken und die Kontogebühren anzuheben, trete ich als Kunde nur noch wirklich schweren Herzens mit den wirklich schweren Wechselfällen des geldlichen Geschäftslebens an einen jener Tresen, hinter denen – eine ältere Dame lauert. Das heißt: Eigentlich lauert sie gar nicht, sondern sie ignoriert mich, solange und so gut es eben noch geht. Schon meinen Gruß beim Betreten der Bankfiliale hatte sie wegen starker Konzentration auf das Wesentliche wie gewohnt nicht zur Kenntnis genommen.

„Ich hätte es wirklich gerne vermieden!", lautet daher sehr devot meine nonverbale Botschaft. „Warum vermeiden Sie's dann nicht?", höre ich mein Gegenüber gereizt zurückdenken, während mir auf der verbalen Ebene ein nicht wirklich ermutigendes: „Was kann ich für Sie tun?" zugeraunzt wird. In dem klaren Bewusstsein, dass ja ich als Kunde der penetrante Unruhestifter bin, und deshalb mit einem schlechten Gewissen beladen, ringe ich vergeblich um die richtigen Worte und versuche nervös, mein Anliegen so wenig zeitraubend wie möglich vorzutragen. Das misslingt in aller Regel. Die Bankangestellte ist sehr damit befasst, meinen Vortrag auf falsch verwendete oder falsch formulierte Fachbegriffe hin zu analysieren. Da ich in dieser Hinsicht diesmal offenbar keine allzu gravierenden Fehler gemacht habe, vernehme ich nur ein tiefes Ausatmen. Es bedeutet: „Warum bloß kommen die Kunden nur noch mit den schwierigen Dingen zu mir?" „Weil wir die einfachen Dinge längst alle selbst erledigen müssen", antworte ich bescheiden – selbstverständlich, ohne es zu sagen. Auf der verbalen Kommunikationsebene höre ich nur ein ebenso knappes wie bestimmtes: „So geht das nicht!"

Käme jetzt von mir die kooperative Feststellung: „Ach so? Das tut mir wirklich leid! Da bitte ich aber vielmals um

Entschuldigung – das wusste ich nicht! Nichts für ungut! Na, dann auf Wiedersehen!", würde die Bankangestellte meinem Abgang ganz gewiss keinen Stein in den Weg legen. Ich bin aber hilfesuchend zu meiner Bank gekommen um zu erfahren, *wie* etwas geht und nicht, wie etwas *nicht* geht. Natürlich traue ich mich nicht, das so krass und anstößig zu formulieren. Stattdessen starre ich auf das Werbeplakat hinter ihr. Es ist ein fröhliches Bild von einem Kind, das auf seinem Bobby-Car dem Horizont zurollert. Sonnenschein liegt in der Luft. Der Himmel ist strahlend blau. Die Wärme eines ungetrübten Sommertages durchströmt mich. Ein Lächeln überfliegt mein Gesicht. „Volksbank – wir machen den Weg frei", steht da. Ja – es ist am Ende doch ein gutes Gefühl, sich zumindest von einem Werbeplakat verstanden zu wissen.

Engelsgesicht

Ein Engelsgesicht nahm mich gefangen. Da Schwärmerei mir altersmäßig nicht mehr zusteht und es eines gewissen Fingerspitzengefühls bedarf, nicht ins Peinliche abzugleiten, versuche ich mich dem Thema so distanziert und sachlich wie möglich zu nähern. Es wird mir nicht gelingen.

Alles begann damit, dass ich, des Standard-Fernsehprogramms wieder einmal überdrüssig, „auf arte" einen Spielfilm sah – „Die feine Gesellschaft" (Ma Loute) von Bruno Dumont. Meine Begeisterung war zunächst verhalten. Der Film wollte mich – obwohl gut gemacht – nicht gefangennehmen. Er spielt hemmungslos mit dem Skurrilen und Grotesken und schildert die Idylle eines kleinen französischen Küstenortes, die sich bei näherem Hinschauen als so gar nicht idyllisch entpuppt. Am unteren sozialen Rand haust hier eine vielköpfige, Muscheln sammelnde Fischerfamilie in prekären Verhältnissen, die ihre allzu dürftige Speisekarte kannibalisch und ganz ohne Skrupel um reichliche Menschenfleisch-Eintöpfe zu erweitern pflegt, was – wen wundert es – in der Gegend zwangsläufig Vermisste nach sich zieht, die von einem faszinierend aufgedunsenen

Kommissar und seinem Assistenten sowie einigen Polizisten in Slapstick-Manier gesucht werden, während sich eine ebenso reiche wie degenerierte Industriellen-Familie zum Urlaub in ihrem Ferienhaus einfindet, um nur allzu bald und allzu hilflos in die Verwirrungen hineingezogen zu werden. Die Klischees des Klassenkampfes findet man nachhaltig, wenn auch durchaus intelligent bedient.

Der älteste Sohn der Fischerfamilie, „Lümmel", verliebt sich schon bald in „Billie", den mitgereisten androgynen Neffen (oder ist es doch die Nichte?) des Industriellen-Clans. Billie zeigt sich gern in Frauenkleidern und beweist dabei eine verführerisch-verstörende Ausstrahlungskraft.

Welch ein Gesicht! Von reiner Klarheit, doch längst vom Leben gezeichnet – und von diesem schönen Ernst: so völlig anders als die ausdruckslosen Masken der Werbe- und Laufsteg-Models. Für ein Mädchen atemberaubend, für einen Jungen unwirklich. Die Schönheit dieser Züge entfaltet sich, dramaturgisch unterstützt, erst allmählich, doch dann umso nachhaltiger, und sie strahlt umso heller, als Dumont sie mit viel Hässlichkeit umgibt. Die Augen leuchten mit einem Wissen, das Menschen dieses Alters üblicherweise nicht haben. Kleine, vernarbte Unregelmäßigkeiten machen eine Ausstrahlung vollkommen, die in ihren besten Augenblicken nicht von dieser Welt ist. Ich habe mich meinerseits verliebt und finde, dass Lümmel die offensichtliche Zuneigung dieses Freundes, den er für seine Freundin hält, ganz und gar nicht verdient hat. Es geht ja auch nicht gut aus.

Dargestellt wird Billie von einem Mädchen, zum Zeitpunkt des Drehs noch Schülerin, von der nicht mehr bekannt werden soll als ihr Pseudonym „Raph" und die

Tatsache, dass sie sich selbst als androgyn einstuft. Meine Zuneigung zu ihr ist aufrichtig – das lasse ich mir nicht nehmen. Es ist die Lust des Blickes auf das Großartige und die Lust der Seele am reinen Eros – völlig frei vom Ballast körperlichen Begehrens. Es ist eine Spielart der tiefen, erfüllenden, nichts fordernden Liebe, die man in ähnlicher Form sonst wohl nur noch den eigenen Kindern entgegenbringt. Es ist das Beste. Es hat mich verstört.

Bis zum Schluss weiß man nicht wirklich, ob Billie ein Junge ist oder ein Mädchen. Ich hoffte ausdauernd, sie möge in der Tat ein Mädchen sein, weil dies – wie mir schien – den süßen Schmerz meiner unangemessenen Verliebtheit vollkommen machen würde. Wahrscheinlicher und verstörender ist, dass die wahre Vollkommenheit wohl daher rührt, dass die Frage nach der Geschlechtszugehörigkeit ungeklärt bleibt. Ach, ich weiß es nicht.

Und muss ich es wissen?

Raph selbst ist schön, ihre Gestalt aber ist nicht vollkommen. Nur ihr Gesicht ist es. So schön das kraftvolle Haar ihrer Perücke ihr Gesicht umspielt, so wenig schmiegt es sich der Rückenpartie an, einen leichten Haltungsfehler verbergend, den ich nicht wahrhaben will. Ich erwähne das vielleicht nur, um mich auch in diesem Falle eines Rests an Rationalität zu versichern. Dabei liegt das Großartige meiner Empfindungen ja gerade in ihrer Irrationalität. Legitimation und Größe erhält das alles nur durch das bewusste und ehrliche Eingeständnis der Unerreichbarkeit – in jeder Beziehung.

Auf den Spuren der Wiener Sezessionisten begegnete ich kürzlich auch einigen Fotos ihrer – für sie durchaus erreichbaren – allzu jungen Musen. Peter Altenberg stimmte in einer erotischen Fotosammlung seiner Kind-Göttinnen eine Hymne auf eine gewisse Lilith Lang, spätere Geliebte Oskar Kokoschkas, an: „Dieses Antlitz spricht alles aus, was wir bei seinem Anblicke empfanden... unsere Rührung, unseren Schmerz, unsere leidenschaftliche Begeisterung und die Furcht vor kommenden Tagen." Trotz Altenbergs Neigung: Ich verneige mich vor dieser Beschreibung. Unerreichbar.

Unerreichbar waren in meinem Leben auch andere Gesichter der Faszination. Erinnern kann ich mich nicht mehr an sie. Der Versuch, die Erinnerung durch Fotos zu unterstützen – sofern dies überhaupt möglich ist – verläuft bisweilen sehr ernüchternd. Ich erinnere, dass ich mich als Schüler meiner ersten Klasse in ein Zwillingspaar verliebt hatte. Es waren zwei nahezu identische Jungengesichter, in ihrer Doppelung zusätzlich verwirrend, die für eine gewisse Zeit zu einem Sehnsuchtsort wurden. Warum? Ich weiß es nicht. In der Schule wagte ich nicht, sie anzusprechen, natürlich nicht, und an manchen Nachmittagen irrte ich durch die Straßen der Nachbarschaft in der Hoffnung, ihnen zufällig zu begegnen. Es gelang mir nicht und doch genoss ich diesen Schmerz. Ein Umzug ließ die Erinnerung an diese Faszination dann verblassen, nachdem ich mir die Unmöglichkeit eines Wiedersehens eine Nacht lang vom Herzen geweint hatte. Jahrzehnte später fiel mir ein Klassenfoto in die Hände. Längst wusste ich nicht mehr, wie die beiden ausgesehen hatten. Nur der Umstand, dass es Zwillinge waren, half mir, sie unter dreißig anderen zu finden. Was ich sah, enttäuschte mich maßlos. Es war nicht einmal ein ferner Abglanz dessen, was mich damals so aufgewühlt haben musste.

Längst in der verstörenden Pubertät angekommen, aber noch lang nicht durch sie hindurch, erfuhr ich die letzte homoerotische Faszination meines Lebens. In einem Ferienlager hatte ich ihn kennengelernt. Er war wohl drei, vier Jahre jünger als ich. Ich meine sogar mich zu erinnern, dass er Bernd hieß. Es waren schöne Tage gemeinsamen Erlebens und Lachens. Zu Bernd zog mich ein eigenartiger, unerklärlicher Reiz, kein körperliches Verlangen, da bin ich mir recht sicher, sondern etwas – ich spürte es genau – das viel größer und mächtiger war als er oder ich. Eine Seelenverwandtschaft? Natürlich hatte ich zum Zeitpunkt der Trennung nicht den Mut, nach seiner Adresse zu fragen oder einen weiteren Kontakt zu vereinbaren. Alles, was ich wusste, war, dass er im Hamburger Stadtteil Rothenburgsort lebte. Dieser Stadtteil war für mich in einer halben Stunde mit dem Fahrrad erreichbar. Wie oft ich die Fahrt unternahm, wie oft ich dort durch immer andere Straßen irrte, bis die hereinbrechende Dämmerung meine hoffnungsfrohe Erwartung auf eine (nur halb) zufällige Begegnung in Niedergeschlagenheit verwandelte – ich weiß es nicht. Ich weiß nur, dass es mich wie magisch dorthinzog.

Tatsächlich sah ich Bernd noch einmal wieder. Ich konnte mein Glück kaum fassen. Es war am Rande eines Sportfestes, an dem mehrere Schulen der Stadt teilnahmen. Ich spürte, dass er vom Wiedersehen genauso ergriffen war wie ich. Wir hielten uns an den Händen (oder hatte ich meine Hände um seine Schultern gelegt?), wir sahen uns in die Augen, wir waren glücklich. Und wieder fehlte mir der Mut, ein weiteres Treffen zu vereinbaren, so, wie mir auch später fast immer der Mut fehlte in diesen Dingen.

Dann waren schließlich die Mädchen und endlich die Frauen an der Reihe. Dieser Sorte Verwirrung war ich gleichfalls nicht gewachsen. Und das sollte für den Rest meines Lebens so bleiben.

Auch hier spielte ganz im Anfang ein Film eine Rolle, ein Film, den ich nie gesehen habe. Ich war wohl vierzehn oder fünfzehn Jahre alt. Der Film hieß „Junge Aphroditen" – eine griechische Produktion und trotz des peinlich-reißerischen Titels immerhin in Berlin mit einem Silbernen Bären ausgezeichnet. Er war in diesen Zeiten sicher nicht jugendfrei und hätte in meinem damaligen streng katholischen Umfeld gewiss alle Kriterien äußerster Schamlosigkeit und schwerer Sünde erfüllt. Ihn im Kino anzuschauen wäre ein Wunsch gewesen, den ich mir vermutlich nicht einmal einzugestehen, geschweige denn jemals in die Tat umzusetzen gewagt hätte – noch in irgendeiner Weise hätte umsetzen können. In wieweit der Film selbst das unendliche Glück meiner damals sehr zarten Vorstellungskraft eher zerstört als beflügelt hätte, weiß ich nicht zu sagen.

Alles, was ich von diesem Film wusste, entnahm ich einem Zeitungsartikel. Ein nur leidlich scharfes Foto war darin abgedruckt, das für geraume Zeit zu einem neuen Sehnsuchtsort werden sollte. Zu sehen war vermutlich allenfalls angedeutete Nacktheit kontrastierend mit scheinbarer kindlicher Unschuld an der Schwelle zur Verführung und zum Erwachsenwerden. Für mich war es allemal verstörend und erregend. Ich heftete mir das Bild in Momenten, in denen ich mich unbeobachtet wusste, an meinen Schrank und verwahrte es ansonsten heimlich und voller Angst.

Ich erinnere nicht, ob meine Mutter es dann doch entdeckte (was konnte ich vor ihr schon wirklich verborgen halten?) und mir deswegen eine dieser gefürchteten, peinvollen und vernichtenden Szenen bereitete. Oder ob mein anerzogenes, ausgeprägtes Schamgefühl und schlechtes Gewissen ohnehin die Oberhand gewannen und ich aus Furcht vor genau solch peinlicher Enthüllung das harmlose Bildchen schließlich selbst vernichtet habe. Immerhin: An diesen Filmtitel sollte ich mich mehr als ein halbes Jahrhundert lang erinnern und ich werde ihn voraussichtlich für den Rest meines Lebens auch nicht mehr vergessen.

Und wieder muss ich sagen: Da war ein Engelsgesicht. Erst im Zusammenhang mit dem Schreiben dieses Textes dachte ich daran, diesen Film auf dem Internet zu suchen. Ich fand ihn sofort. Der Titel war in der Tat korrekt – eine für meine Verhältnisse geradezu unglaubliche Gedächtnisleistung. Und das Engelsgesicht? Es hat mich diesmal nicht enttäuscht, nach so langer Zeit. Cleopatra Rota lautet der (für mich) absolut unwesentliche Name. Nie wieder habe ich später von ihr gehört. Ich blicke in diese Augen und verstehe noch heute, was mich damals bewegt haben muss.

Die Engelsgesichter aus Fleisch und Blut, die ich enttäuschte oder die mich enttäuschten, lasse ich mehr aus Respekt als aus Datenschutzgründen fort. Heute sind es vermutlich längst keine Engelsgesichter mehr sondern gestandene Frauen vorrückenden Alters. Diese unstillbaren Sehnsüchte, flüchtigen Begegnungen, vorübergehenden Erfüllungen, großartigen Glücksmomente und vernichtenden Niederlagen wären ein anderes, für mich nicht immer und nicht wirklich rühmliches Kapitel.

Eine Faszination meiner frühen Jugend aber möchte ich noch nachtragen, die genau einen Tag andauerte. Es war das sonnenumschienene Gesicht eines kleinen, vier- oder fünfjährigen Jungen. Es war – ein Engelsgesicht. Ich erblickte es auf dem Fußweg vor dem Haus meiner Großmutter, bei der ich für die Sommerferien zu Besuch war. Die Glückseligkeit dieser Entdeckung begleitete mich durch den Abend und die Nacht und währte erwartungsvoll glimmend bis zum nächsten Nachmittag, als ich das Kind wiedersah, diesmal in einem Kleid. Ich wollte es nicht wahrhaben. Das andere Geschlecht! Eine Welt brach zusammen.

Womit wir wieder bei Raph wären. Und dem Geheimnis, das sie umgibt. Sicher vergebens wünschte ich, sie möge sich von der verlockenden Aussicht auf Erfolg nicht in die schamlos gierende Öffentlichkeit des Kommerzes zerren lassen. Das Unerreichbare wird zerstört durch die Erreichbarkeit, na klar. Das ist am Ende alles, was es zu sagen gibt.

Projektionen

Unterrichtsvorbereitungen waren oft wie Mühlsteine, die ich – weil mir nichts Gutes oder wenigstens Brauchbares einfiel – liegenließ oder nur mühsam und zögerlich vor mir herrollte. Sie konnten, neben den Korrekturen, ganze Wochenenden ruinieren, spätestens aber den Sonntagnachmittag verderben, wenn sich wirklich nichts mehr aufschieben ließ.

Es gab jedoch auch die Glücksmomente, wo sich alles fügte: Ideen, Assoziationen, Erinnerungen, Querverbindungen, Quellen und Materialien, Originalität und Tiefe – der kleine Kosmos stimmiger Aspekte und Lernziele, das runde Bild. Es entstanden mit Liebe entworfene Arbeitsbögen, unwiderstehliche Denk- und Handlungsanreize, aufgestoßene Türen zur Großartigkeit.

Der Montagmorgen zeigte sich dann grau und unausgeschlafen. Wenig bis gar nichts blieb von der Großartigkeit, die am Abend zuvor noch abschließend durch ein Glas Wein versüßt worden war. Langweilig! signalisierten die Kindergesichter.

Ich war das Opfer einer Projektion geworden, einer Selbsttäuschung. In ihrer harmlosesten Form begegnet sie uns als der naiven und durchaus wohlgemeinten Vorstellung: Was mir Spaß macht, muss zwangsläufig auch anderen Spaß machen. Was mich anregt, muss auch andere anregen. Was mir schmeckt, muss auch anderen schmecken. Es kann gar nicht anders sein. Und dabei verkennen wir regelmäßig die Verschiedenheit der Interessen und Überzeugungen, des Geschmacks und der Bildungshintergründe, Biografien und Assoziationsmodelle unserer Mitmenschen, aber auch deren sehr unterschiedlich ausgeprägte Begeisterung, sich auf das Abenteuer Denken einzulassen.

So manche Geschäftsgründung liefert ein Beispiel für naive Projektionen. Bei den Neueröffnungen kleiner Spielwarengeschäfte machte sich eine Zeit lang der wohlgemeinte Trend breit, im Wesentlichen nur nachhaltiges Holzspielzeug anzubieten. Eine Augenweide für den bewussten Betrachter und und ein klarer Gewinn für die Geschmacksbildung im Kinderzimmer, behaupte ich mal, projektionsblind und beratungsresistent. Aber die Kinder machten nicht mit. Langweilig! entschieden sie und bevorzugten knallbuntes Plastik aus dem Monsterland oder von feenhaften Trauminseln für Einhörner.

Ich bekenne – in das Reich der naiven Projektionen gehört gleichfalls die Auffassung: Was ich schreibe, muss auch anderen gefallen, weil es doch mir gefällt, und der Witz, den ich mache, habe universale Heiterkeit auszulösen. Mit seltsamer Hingabe halte ich an diesem Glauben fest, obwohl ich ständig eines Besseren belehrt werde. Das Interessante an Projektionen ist, dass man aus mit ihnen erlittenen Niederlagen nichts lernt. Es mag daran liegen, dass Projektionen generell die Krücke sind, mit der wir durchs Leben humpeln.

Solange es harmlose Projektionen sind, die nicht mehr Schaden anrichten, als schlimmstenfalls in alle Richtungen – und auch das nur sehr lokal – zu enttäuschen, mag es ja angehen. Aber Projektionen begnügen sich nicht damit, harmlos zu sein. Dies ist nur ihre erste, unerfüllte Stufe, die Projektion als Ohnmacht.

Gefährlich wird es, wenn die Projektion sich zu der Attitüde aufschwingt: Euch werde ich es zeigen! Es wäre schon sehr verwunderlich, hätte sich die menschliche Natur mit der ebenso gut gemeinten wie ohnmächtigen Projektion zufriedengegeben. Auf der nächsten Stufe wird die Projektion zum Projektil. Aus dem: „Ich hab es doch bloß gut gemeint" wird: „Ich weiß besser als ihr, was gut für euch ist" und mitgedacht ist immer: „...weil es besser für mich ist".

Jahrtausendelang hielt man sich in der Erziehung an dieses Konzept. Es war bewährt und bereitete optimal auf feudal-hierarchische Gesellschaftsstrukturen vor. Vereinzelt übten Philosophen und Pädagogen Kritik daran und brachten schließlich eine ganze Lawine ins Rollen. Aufklärung, Reformpädagogik, antiautoritäre Erziehung – ganz sicher ist man sich bis heute noch nicht, wo denn die Grenze zwischen fremdbestimmt und selbstbestimmt zu verlaufen habe und was mehr zählen solle: das Individuum oder das Ganze.

Nun gut – Autokraten muss man diese Frage nicht stellen. Sie entscheiden sich intuitiv für das große Ganze, meinen damit im Wesentlichen sich und haben längst eine

Projektion bereit, die sie diesem Ganzen überstülpen: Was ihrer Machtentfaltung dient, ist das Beste für alle. Diese Projektion nennt man Ideologie – man könnte auch sagen: erstarrte Weltanschauung, was eine durchaus fragwürdige Bezeichnung ist, da es doch leider alle Ideologen, die großen wie die kleinen, kennzeichnet, sich nicht allein mit dem Anschauen der Welt zu begnügen. Wer solcher Ideologie durch allzu kritisches Nachdenken oder gar Nachfragen im Wege steht, ist zumindest ein Feind oder Verräter des Volkes oder besser doch gleich ein Terrorist, was anstrengende und überflüssige Diskussionen um Meinungsfreiheit und Rechtsstaatlichkeit angenehm verkürzt.

Neben den Ideologen sind es dann noch die Theologen, die auf dem Felde der Projektionen Außergewöhnliches leisten. Ihr Denkansatz ist in vielen Fällen auch in diesem Bereich außergewöhnlich und lautet in etwa: „Was mir auch nur entfernt Spaß machen könnte, muss Sünde sein." Als Hirten selbst trüben Sinnes (oder eben nicht trüben Sinnes, weil sie durchaus ihren Spaß haben) geben sie nicht eher Ruhe, bis auch ihre Herde trüben Sinnes geworden ist. Das Fegefeuer und die Höllenqualen werden stets angedroht oder, wenn die Zeitumstände dies erlauben, zu Läuterungszwecken gerne ins Diesseits vorverlegt. Das hilft, den Glauben derer zu stärken, die dem mahnenden Exempel zuschauen dürfen. Zum Glück sind nicht alle Theologen so und wer sich ein wenig Lebensfreude erhalten will, kann sich heutzutage zudem einer breiten Auswahl an Glaubensüberzeugungen und damit verbundenen Trost- und Glücksverheißungen erfreuen, die zumindest ohne Hölle und Fegefeuer auskommen.

Seltsam, dass mir ausgerechnet an dieser Stelle aufgeht, dass Werbung und Konsumverführung ja auch nur Projektionen sind. „Was mir Umsatz und Gewinn verschafft, kann nur zu deinem Besten sein", lautet die Botschaft. Eine Erfolgsformel, unbestritten. Und eine der stärksten Projektionen überhaupt, da sie scheinbar ohne Zwang auskommt. Scharenweise sind die Glückssucher unterwegs. Besonders glücklich sehen sie dabei nicht aus. Aber ihr Glaube an die Verheißung bleibt ungebrochen.

Wäre es nicht besser, wenn die Menschheit insgesamt ohne Projektionen auskäme? Nun gut – diese Fragestellung ist naiv. Ich kann nicht ausschließen, dass bestimmte Projektionen unser Dasein auch erhellen oder es zumindest einfacher machen. Es wäre schon viel gewonnen, wenn wir die Projektionen wenigstens hin und wieder durchschauten. Oder im Zweifel auf sie reagierten wie die Kinder in der Schule: „Langweilig!"

Morgendämmerung der Moral

Himmel! In was für eine Welt sind wir hineingeboren! Einfühlsam organisiert nach dem „Wahnsinnsprinzip", dass die in ihr lebenden Wesen „dadurch existieren, dass sie einander auffressen" (Arno Schmidt; Atheist?: Allerdings!). Als Leibniz sie einst als die „beste aller denkbaren Welten" bezeichnete, muss er durch den erbitterten Prioritätsstreit mit Newton angezählt gewesen sein. Ich unterstelle das zu seinen Gunsten. Es fiele mir ansonsten schwer, ihn für diese steile These zu entschuldigen. Des lieben Gottes Schöpfung erhebt den Überlebenskampf des Fressens und Gefressenwerdens zur Maxime und fragt dabei ganz offensichtlich nicht groß danach, ob die jeweiligen Opfer das in irgendeiner Form erbaulich finden. Naja – die Frage erübrigt sich ohnehin.

Es scheint, als käme das mit Leben überfüllte Raumschiff Erde geradezu prächtig ohne irgendeinen Ansatz von Moral aus, beiläufige weltweite Massensterben durch Naturkatastrophen inklusive. Und woher kommt sie dann, die Moral? Denn sie ist ja da, als Begriff, als Prinzip, unbestreitbar, spätestens seit es Menschen gibt, und sie wird fortlaufend ebenso zivilisatorisch verfeinert wie gerne auch gewaltsam und damit zutiefst unmoralisch deformiert. Wie sind sie in die Welt gekommen, die Begriffe des Guten und des Bösen? Woher stammen Liebe, Verantwortung, Verständnis und Mitleid, Schuld, Sühne, Strafe, Gerechtigkeit, Anstand, Fairness, kritischer Verstand und Aufklärung (ja – gerade sie), Toleranz und Zivilisation? Alles in allem ist dies eine erstaunlich lange (und gleichwohl unvollständige) Litanei der Auflehnung gegen das „Wahnsinnsprinzip" Natur.

Aber ich bin wie immer – man nenne es von mir aus feige – für Ausgewogenheit. Also nehme ich zur Abwechslung in Sachen Moral zunächst einmal die grausame Natur ein wenig in Schutz. Mal sehen, ob mich das weiterbringt. In der Natur gilt durchaus nicht grundsätzlich das (ebenso gedankenlos wie falsch zitierte) „Recht des Stärkeren" – es gilt das „Recht" der an die jeweiligen Rahmenbedingungen besser angepassten Lebensform als langfristigem Überlebensprinzip – *einschließlich* des Überlebens der Schwächeren, der eigenen Nachkommen zum Beispiel. Inwieweit ein geradezu juristisch anmutender „Rechts"begriff hier überhaupt sinnvoll verwendet werden kann, ist mindestens einen weiteren Gedankengang wert, zu dem ich aber aktuell zu faul bin.

Darwin hat den Begriff des „survival of the fittest" nicht geprägt, aber gern übernommen und verstand darunter genau jenes die Evolution antreibende allgemeine Prinzip des Überlebenskampfes in der Natur. Das kann man immer noch als grausam genug empfinden, aber körperliche Stärke ist für sich genommen genauso wenig eine Überlebensstrategie wie es z.B. die Körpergröße wäre. Darauf könnte man sogar kommen, wenn man das Beispiel der Dinosaurier nicht vor Augen hätte (die im Übrigen auf ihre Weise *sehr* lange *sehr* erfolgreich waren. Die Menschheit ist hiervon noch weit entfernt). Es gibt die Maus trotz des Elefanten. Im Gegenteil, der Elefant hat aktuell den schwereren(!) Stand – seine Größe und Stärke helfen ihm nicht. Stärke und hieraus abgeleitete Brutalität sind kein Naturrecht und schon gar keine Naturpflicht. Darwin ist diesbezüglich bis hin zum „Sozialdarwinismus" immer wieder gerne und zweckdienlich fehlinterpretiert worden.

Irgendwann wünschte ich mir (ich weiß, ich weiß, das ist kein gerade wissenschaftlicher Ansatz): Der Moralbegriff könne im Kern eben doch in der Natur angelegt sein, in genau dieser grausamen, seelenlosen und unbarmherzigen Natur. Es mag Religionsgemeinschaften weltweit enttäuschen (sofern dies überhaupt in meiner Macht steht – vermutlich nicht), wenn ich in diesem Zusammenhang nicht primär auf das überreiche Angebot göttlicher oder sonstiger Offenbarungen zurückgreife. Denn auch die Verhaltens- und Hirnforschung fördert immer wieder Erstaunliches zutage. Bewusstsein, Sprache, Werkzeuggebrauch, Rituale, Sozialverhalten – die Natur war mit allem, was wir für typisch menschlich halten, vor uns da, wie der Igel vor dem Hasen und das Ei vor der Henne.

Lag Leibniz am Ende doch nicht ganz falsch? Sollte ich ihn gar um Entschuldigung bitten? Ich denke darüber nach. Das Bewusstsein kam in die Welt – oder es war immer schon da, wie der stetig vollkommener werdende Hegelsche Weltgeist; es griff zurück auf vorhandene, bewährte Mechanismen und schuf daraus einen Moralbegriff. „Evolution ist ein erkenntnisgewinnender Prozess" schrieben schon Riedl und Parey in ihrem Buch „Biologie der Erkenntnis", das ich ein Standardwerk nenne. Das schließt die Erkenntnis ein, dass es für die menschliche Natur äußerst sinnvoll wäre, den zivilisatorischen Gedanken voranzutreiben. Ich habe kein Problem damit, die Wurzeln der Selbstlosigkeit aufzuspüren in Formen der intensiven Brutpflege und der häufig vorkommenden natürlichen Bereitschaft zur Selbstaufopferung z.B. für den Fortbestand des Nachwuchses oder der Herde. Auch die Partnerwahl im Tierreich zeigt bei etlichen, höher entwickelten Spezies klare Ansätze, die über eine reine Zweckdienlichkeit hinausweisen. Und wie weit ist es von diesen Wurzeln noch bis zur Liebe, wie der Mensch sie empfindet und versteht? Das Mitgefühl wird längst in einem speziellen Teil des Gehirns verortet, der Amygdala. Mit Hilfe der Spiegelneuronen können wir uns in unser Gegenüber mit tiefer Anteilnahme hineinversetzen. Nur Psychopathen sind weitgehend frei von dieser Last. Frank Ochmann beschreibt das in seinem Buch „Die gefühlte Moral" sehr anschaulich.

Sicher lassen sich Mitgefühl und Selbstlosigkeit auch als im Kern egoistisch definieren zum Zwecke der kompromisslosen Weitergabe des eigenen Genoms (Dawkins), selbst um den äußersten Preis des individuellen Lebens. Doch die Selbstaufopferung bleibt. Immerhin: Ob Selbstlosigkeit ganz um ihrer selbst willen existieren und gedacht werden kann, hat weiter einen gewissen Klärungsbedarf – mit geringer Chance auf grundsätzliche Antworten, wie ich vermute. Aber wer verlangt von der Moral eigentlich, dass sie vollkommen selbstlos zu sein habe? Bei genauerer Betrachtung: niemand. Es genügt ja, wenn sie als höheres Prinzip den Schwächeren in irgendeiner Form hilft und nutzt.

Sogar deutliche Ansätze eines Empfindens von Fairness und Gerechtigkeit sind im Tierversuch – speziell bei Primaten – interpretierbar (Frans de Waal; Primaten und Philosophen). Mein Gott (er verzeihe mir dies): Es ist wirklich alles schon vor uns dagewesen. Ich möchte und kann an dieser Stelle keine (mir ohnehin nicht mögliche) Übersicht des aktuellen Forschungsstandes einfügen oder mich gar an der Deutung der Ergebnisse beteiligen. Ich schreibe ja nur einen Essay, unternehme also gemäß Montaigne nicht mehr als einen „Versuch", was mich sehr befreit. Moral, so vermute ich aber mit wachsender Freude (was erkennbar wiederum kein wissenschaftlicher Ansatz ist), ist etwas, das uns die Natur selbst mitgegeben hat mit der Herausforderung, dass dieser große Zwiespalt nun tief in uns liegt – wie so vieles, das uns spaltet – denn der (durchaus rücksichtslose) Kampf ums Überleben ist ja gleichfalls und unbestreitbar unser genetisches Erbe.

Ganz spekulativ und ein wenig unfromm (wenn auch nur auf den ersten Blick) verordne ich der zarten Pflanze menschlicher Bewusstwerdung recht früh in ihrer Entwicklungsgeschichte dann auch noch einen guten Schuss Spiritualität. Es ist dies die große und verständliche Sehnsucht nach einer jenseitigen Macht, die in der Verzweiflung meine Tränen trocknet, die ich in meiner Not um Rettung anrufen, von der ich ein gutes Geschick erbitten und der ich den letzten, tiefen Dank abstatten kann – falls ich am Ende meines Lebens das große, durchaus unverdiente Glück habe, dass meine Lebensumstände diese Dankbarkeit zulassen. Also: Wenn ich *nicht* gefressen worden bin, zum Beispiel.

Aus einer anderen Perspektive könnte man sagen: Das erwachende Bewusstsein erkennt (oder erschafft?) seine inneren Widersprüche zur Natur – eine Zerrissenheit, die die Spiritualität (wie auch die Kunst), wenn schon nicht zu heilen, so doch zu lindern vermag. Und diese Spiritualität leistet in ihren besten Momenten (von den zahllosen schlechten will ich gar nicht zu reden beginnen) unglaubliche Beiträge zur Zivilisation: „Liebet eure Feinde" – darauf muss man erst einmal kommen.

So halte ich die Marx'sche These auch nach über 150 Jahren immer noch für verfrüht, dass die Kritik der Religion im Wesentlichen beendet sei, in dem Sinne, dass Religion zu Recht und ein für alle Mal diskreditiert und als Opium des Volkes entlarvt wäre, weil sie Heilsversprechen allein auf das Jenseits umlenke und damit einer ungerechten Weltordnung Vorschub leiste und diese dadurch in gewissem Umfange sogar rechtfertige und zementiere. Ich weiß auch nicht, ketzerisch gefragt, welchen gravierenden Unterschied es für mich machte, die Hoffnung auf Erlösung im Jenseits einzutauschen gegen eine Hoffnung auf Erlösung irgendwann einmal – lange nach mir – im Diesseits, wo ich doch beide Erlösungen nicht erleben werde. Das ist natürlich sehr egoistisch und auffallend eindimensional gedacht, denn gesellschaftspolitisch macht es natürlich einen Riesenunterschied, woran sich zugegebenermaßen auch dadurch nichts ändert, dass ich geschürten Hoffnungen und naiven Heilsversprechen aller Art – also den berühmten einfachen Lösungen – ganz allgemein eher skeptisch begegne.

Die vertiefte Herausbildung eines Moralbegriffes und der aufkeimende zivilisatorische Gedanke haben sich im Übrigen in der Menschheitsgeschichte (bei allem Unglück, das diese ständig und sehr zuverlässig bereithält) auch deshalb als notwendiger Glücksfall erwiesen, weil der Mensch so viel mächtiger geworden ist als das Tier. Das Tier kann zwar in unzählbaren Einzelfällen seiner Beute oder auch dem Rivalen und dessen Nachkommenschaft gefährlich werden bis hin zur Vernichtung, es kann aber in großen räumlichen Zusammenhängen betrachtet nur ganz begrenzt „Unheil" anrichten, getrieben durch natürliche Instinkte, für die man es schwerlich zur Verantwortung ziehen kann.

Der Mensch – auch der einzelne – hat durch die technologische Entwicklung im Laufe der Geschichte aber zunehmend die Möglichkeit gewonnen, das Inferno auszulösen, den Weltuntergang inzwischen mit eingeschlossen. Die Menschheit ist schon deshalb auf Moral angewiesen, um nicht dem Untergang geweiht zu sein. Schaun wir mal, ob das (leidlich) weiter funktioniert, nachdem es mehr als einmal schon denkbar knapp war. Langzeitprognosen geraten da ja leider eher skeptisch. Vielleicht aber sind wir überhaupt nur deshalb noch physisch in der Lage, skeptisch in die Zukunft zu schauen, weil die Moral bis jetzt das Schlimmste gerade noch verhütet hat. Wer weiß das schon.

An dieser Stelle wage ich, vorsichtig Jedediah Purdy zu widersprechen, der in der ZEIT vom 20. September 2001 schrieb, dass der zivilisatorische Gedanke oft im Kern unmenschlich erscheine, weil er scheinbar von uns verlange, gegen unsere Natur zu handeln. „Dies zu sagen ist schrecklich – (…) der Kern der Zivilisation liegt gerade in ihrer Unnatürlichkeit". Ich widerspreche nur ungern, denn

Purdys Satz sprach und spricht mir noch aus der Seele und hat mich seither begleitet. Und wenn es um die Angst vor allem Fremden geht, die so leicht in Hass umschlägt, vertrete ich weiterhin die Ansicht, dass sie evolutionär durchaus dem Überlebenskampf geschuldet sein kann und sich deshalb so schwer abschütteln und so leicht benutzen lässt. Wird blinder Fremdenhass oder der ebenso blinde Hass auf Minderheiten aber am Ende zur Staatsdoktrin, sollte ein kurzer Blick in die Geschichte genügen, um zu sehen, wohin das regelmäßig führt. Gerade droht ja die Nationalismusfalle weltweit wieder zuzuschlagen und erhebt dabei die zum Ideal verklärte patriotische Gesinnung (die in Wahrheit und am Ende ja doch nur nationaler Egoismus und der verdeckte Machtanspruch der jeweiligen Führungsclique ist) ebenso bewährt wie heuchlerisch, skrupellos und zivilisationsfern zur scheinbar höchsten moralischen Kategorie.

Und doch neige ich mehr und mehr der Auffassung zu, dass der zivilisatorische Gedanke ein – hoch verfeinertes – natürliches Erbe ist und alles andere als eine zerbrechliche Hülle. Er steckt so tief in uns, dass es uns geradezu unmöglich ist, *nicht* in moralischen Kategorien zu denken und zu handeln. Gewiss: Diesbezügliche Erschütterungen und Niederlagen sind – wie gerade erwähnt – an der Tagesordnung und eher die Regel als die Ausnahme, und doch stand die Spezies Mensch in ihrer Geschichte (leider nicht zwingend jeder einzelne!) bisher nach jeder Niederlage zuverlässig immer wieder auf – und dies umso zuverlässiger, je tiefer der Fall war – um die Moral erneut als kraftvolle Richtschnur zu spannen.

Ich habe wenig Neigung, als naiv angesehen zu werden, es sei denn, ich hätte dies aus einer gewissen unverzeihlichen Eitelkeit heraus selbst so provozieren wollen. Selbstverständlich weiß ich um den ständigen, schrecklichen Missbrauch der Moral. Gerade das aber ist mir ein Indiz dafür, wie tief der Moralbegriff und das Bedürfnis nach ihm in uns verwurzelt sein müssen. Auch der übelste Despot, das verbrecherischste Regime und das kriminellste Syndikat werden immer eine passende Moral (und sei sie noch so zurechtgebogen und zurechtgelogen) als Grundlage des eigenen Handelns bemühen und das eigene Tun als sittlich und vorbildlich oder zumindest in einem übergeordneten, moralischen Sinne als notwendig erklären. Unmoral hingegen wird interessanterweise niemals offen gerechtfertigt oder gar zum gesellschaftlichen Prinzip erhoben. Noch nie hat eine Führungsfigur – nach meinem Kenntnisstand – lautstark versucht, den Begriff der Moral schlechthin abzuschaffen oder für abgeschafft zu erklären. Das muss einen Grund haben.

Vielleicht finden sich Beispiele in der Geschichte, in denen der Tyrann sich selbst – höhnisch oder zynisch „aufrichtig" – als Verbrecher bezeichnet. Belege dafür kenne ich keine, sieht man von möglichen Selbstentlarvungen in den Hinterzimmern der Macht einmal ab, die aber allenfalls als schwerlich nachprüfbare Anekdoten überliefert werden. Die Moral – wie immer man sie auch definiert und selbst wenn man sich nicht an sie hält – hat einen erstaunlich hohen Stellenwert in den menschlichen Gesellschaften. Diese Stabilität betrachte ich zunehmend als in der tiefen genetischen Verwurzelung der Moral begründet. Es ist eine – alles in allem – frohe Botschaft.

Und so sehe ich zum Schluss dies: Ich sehe ein Bewusstsein, das sich im Laufe der Evolution münchhausengleich am eigenen Schopfe aus dem Unbewussten heraufgezogen hat (was ich für unbedingt großartig halte, egal ob man hierfür einen Schöpfergott bemüht oder nicht), und dieses aufkeimende Bewusstsein schlägt sich ständig mit Habgier und Hass und der hieraus entstehenden Gewalt – den wirklichen Todsünden – herum und ist doch immer wieder zur Läuterung fähig; es entwickelt aus sich heraus eine tief empfundene Moral, intensive Spiritualität und letztlich eine vernunftbegründete Zivilisation, um die unerträgliche Leere des Universums und die amoralische, seelenlose Seite der Natur nicht nur zu ertragen, sondern zugleich überwinden zu können. Einwände gegen diese steile These sind willkommen.

Weltmodelle

So um die zwölf Jahre alt muss ich gewesen sein, Jesuitenschüler, Ministrant und tief religiös, als ich beschloss, in einer lückenlosen Gedankenkette unwiderlegbar zu beweisen, dass es einen Gott gibt, der diese Welt erschaffen hat und der – weil alles andere absurd wäre – notwendigerweise katholisch sein muss. Ohne wenn und aber. Ich wollte das Universum ein für allemal in einem genialen Handstreich zweifelsfrei erklären. Die Beweiskette war dann doch etwas schwerer zu schmieden als gedacht und die Mühen wurden mir bald zu groß, zumal das Erwachsenwerden zunehmende Zweifel an meinem Vorhaben anmeldete.

Nichts ist dem Menschen so notwendig und so wichtig, aber letztlich auch so tröstlich und selbstverständlich wie ein klares Weltbild, und für kaum etwas wendet er im Verhältnis so unangemessen wenig Denkarbeit auf.

Die Anzahl der weltweiten Welterklärungen ist groß. Unüberschaubar groß. Von naiv bis großartig ist alles vertreten. Jeder Mensch trägt seine eigene Weltsicht mit und in sich, dies Konstrukt aus Erziehung, Erfahrung, notwendigem aber auch gefährlichem Vorurteil und der mehr oder (meist) minder großen Bereitschaft, sich der Anstrengung des wirklichen Nachdenkens, also der Selbstverunsicherung zu unterziehen. Er verlässt sich auf kulturelle Vorgaben, seinen Glauben und seine Gläubigkeit und die wohltuende Bestätigung seiner zunehmend vorgefassten Meinung durch Gleichgesinnte. Er ist auch in diesem Bereich das bequeme Gewohnheitstier. Unser Sein und die Größe der Bereitschaft, uns selbst in Frage zu stellen, bestimmen unser Bewusstsein.

Das Ergebnis dieses ungleichen Zusammenspiels mündet stets in nur scheinbaren, dafür umso erbitterter verteidigten Gewissheiten. Dabei kann es nur eine Gewissheit geben: Dass jede Weltsicht ein Modell der Wirklichkeit und jeder Glaube ein Modell himmlischer oder sonstiger Wahrheit bleiben muss, nicht mehr und nicht weniger, bestenfalls ein brauchbares bis gutes Modell – aber immer ein Modell. Modelle helfen, das Komplexe ansatzweise zu verstehen, es anschaulicher zu machen, sich der diesseitigen Wirklichkeit und einer jenseitigen Wahrheit im günstigsten Falle zu nähern. Mehr nicht. Die dingliche Wirklichkeit ist nicht nur Kants in letzter Konsequenz nicht zu erfassendes „Ding an sich" – sie ist auch ihrer Komplexität wegen gedanklich nicht annähernd zu durchdringen und entzieht sich nicht nur der Unschärferelation wegen jeder endgültigen Berechenbarkeit. Jede Glaubenswahrheit glaubt sich ohnehin frei vom Ballast eines zu erbringenden Nachweises ihrer Richtigkeit und ist ja auch frei davon, nur macht sie das nicht wahrer und schon gar nicht unanfechtbar.

Und doch stehen diese Weltmodelle gegeneinander mit dem Anspruch der jeweiligen Unfehlbarkeit, mit dem Anspruch der einzig wahren Auffassung dessen, was uns umgibt, unser Wesen ausmacht und unserem Dasein Sinn verleiht. Auch wenn es vielleicht schwer erträglich ist: Sich im Besitz einer absoluten Wahrheit zu glauben ist immer ein Wahn. Das gilt für Religionen, politische Weltanschauungen, Soziologie und Psychologie, für alle „weichen" Glaubensüberzeugungen und Wissenschaften also, die man so gut daran erkennt, dass sie zu den ganz harten Dogmen neigen.

Vermutlich habe ich im letzten Absatz in unzulässiger Weise zu wenig zwischen naturwissenschaftlichen, gesellschaftspolitischen und religiösen Weltmodellen unterschieden. Das bitte ich zu entschuldigen. Es ist aber auch ein weites Feld. Nur so viel: Durch Gläubigkeit oder politische Überzeugung bestimmte Weltanschauungen versuchen sich gerne in besonderer Weise unangreifbar zu machen, indem sie sich auf eine (nach den Gesetzen von Toleranz und Höflichkeit schlecht anfechtbare) göttliche Offenbarung berufen oder sonst in einer Art Interpretationshoheit über die reale (also in irgendeiner Form zumindest näherungsweise nachprüfbare) Welt hinausweisen, nicht ohne sich sehr gut darauf zu verstehen, aus dieser sicheren, unfehlbaren und unangreifbar scheinenden Position heraus auf die reale Welt jeden nur denkbaren Einfluss ausüben zu wollen – inklusive des Alleinvertretungsanspruches einer ultimativen Wahrheit.

Mir will nicht aus dem Kopf, dass alle Fanatiker, die eine alleinseligmachende Weltsicht – welcher Art auch immer – für sich gepachtet haben, genauso fanatisch und überzeugt den Ausschließlichkeitsanspruch einer ganz anderen „Wahrheit" predigen und durchsetzen würden, wären sie nur unter völlig anderen Lebensumständen geboren und groß geworden. Fanatismus ist die blinde Unfähigkeit, solches auch nur ansatzweise denken zu können.

Ich will nicht missverstanden werden: Wenn es um die Ausrichtung eines moralischen Kompasses geht, stehe ich nicht für Beliebigkeit. Kants kategorischer Imperativ (verkürzt: Handle so, dass dein Handeln zugleich Grundlage einer allgemeinen Gesetzgebung sein könnte) gilt auch jenseits oder besser noch diesseits aller Weltmodelle und Glaubensüberzeugungen, oder noch besser: Er könnte sie verbinden. Toleranz im Zusammenwirken mit der Fähigkeit, seine Überzeugungen relativieren zu können, wäre eine begrüßenswerte Option. Allerdings müsste diese Haltung von allen Menschen geteilt werden, was gewiss noch utopisch ist. Und: Toleranz gegenüber der Intoleranz darf es nicht geben.

Die Wirklichkeit beschert uns hingegen zu häufig Intoleranz gegenüber der Toleranz, gerne auch als Staatsdoktrin und dann besonders gefährlich, weil Religionen oder andere Weltanschauungen allzu gern mit dem Anspruch ihrer Unfehlbarkeit die Macht an sich reißen. Die Partei, „die immer recht" hat, ist keinen Deut besser als die religiösen Eiferer „alleinseligmachender Wahrheit" – Denunziantentum, Umerziehung, Lagerhaft, Kerker, Folter und Scheiterhaufen immer in Reichweite. Allzu oft sind es dann despotische Egomanen, die in solch unheilvoller Konstellation bestimmte Lehren, Ideen und Überzeugungen nur ausnutzen, um ihre Machtinteressen mit Gewalt durchzusetzen und zu behaupten. Das Jubel-KZ wird zur anerkannten Staatsform; Menschenrechte werden zur inneren Angelegenheit erklärt, was ja nur bedeutet, dass man nicht verstanden hat oder verstehen will, was Menschenrechte sind.

Zum Glück anerkennen in modernen, säkularen Gesellschaften politische und religiöse Glaubensgemeinschaften aller Art zunehmend, dass Toleranz gegenüber anderen Denk- und Glaubensansätzen – das Nicht-Belehren-Wollen also – ein unverzichtbares Gebot der Humanität und des staatlichen Miteinanders ist.

Wim Wenders' Film über Papst Franziskus („Ein Mann seines Wortes") hat mich an manchen Stellen zu Tränen gerührt. Hier höre ich eine wohltuend leise und unaufgeregt vorgetragene Botschaft der Toleranz, die mich geradezu zum Wiedereintritt in die katholische Kirche bewegen könnte, wäre ich nicht zwischenzeitlich allzu sehr der Agnostik verfallen, dieser vielleicht berechtigt zweifelnden, aber dennoch wenig trostreichen Sichtweise, wenn es um die letzten Dinge geht. Franziskus' Sicht auf die durch Profitstreben geschundene Schöpfung und die himmelschreiende Entwürdigung der Armen und Ärmsten spricht mir tief aus dem Herzen. Das Evangelium ist ein Evangelium der Armen. Glauben kann nur heißen, sich auf den Weg zu machen.

Gewiss: Papst Franziskus ist nicht die katholische Kirche. Ein Blick auf seine Kurienkardinäle, denen er die Krankheit der Eitelkeit, der Rivalität, der Trauermiene, der geschlossenen Zirkel, der Raffgier und der existenziellen Schizophrenie vorhält, macht mir schnell klar: Da sind sie noch, die alten Herren, bequem verschanzt hinter und theologisch eingeschlossen in ihren – mit viel Denkarbeit unfehlbar gemachten – Weltmodellen, die den gesunden Zweifel an sich längst verlernt haben, wenn sie ihn je kannten, und denen es am Humor fehlt, was die schlimmste Diagnose überhaupt wäre.

Ich will auch ihnen nicht Unrecht tun, sie sind gewiss nicht alle so, aber ich kenne sie doch nur zu gut, diese versteinerten Gesichter, die in aller Demut zu den Kreuzzügen rufen und Scheiterhaufen heutzutage für vielleicht nicht mehr ganz so zeitgemäß ansehen, ihnen aber – bezogen auf die damaligen Zeiten – doch ein gewisses Verständnis entgegenbringen.

Vielleicht ist der liebe Gott katholisch, wenn es ihn denn geben sollte und wenn er sich für solche Überlegungen überhaupt interessiert. Ich habe aber zwischenzeitlich beschlossen, ihn das ganz allein entscheiden zu lassen.

Zeitfracht Medien GmbH
Ferdinand-Jühlke-Straße 7
99095 Erfurt, Deutschland
produktsicherheit@kolibri360.de